児童文学と昔話

石井正己　編

三弥井書店

Contents

児童文学と昔話

巻頭言

子どもの頃にもらってきたもの

宮川ひろ

いよいよ、八十路の坂道も登りつめるところまでも歩んできてしまいました。いましみじみと思うことは、子どもだった頃にもらいこんできたものに、大きく支えられて生きてきたということです。

六人きょうだいの末っ子として私が生まれてきたとき、母はもう四十三歳でした。欲しくない子どもだったのかもしれません。母は折々にしみじみというのでした。

「お前が産声をあげたとき、とりあげ親のおこうさんがさ、「女っ子だけどいい子だぜ、天神様の申し子だもの、利口もんになるぜ」って、そういって励ましてくれただった」と。繰り返し何回聞かされてきたことでしょう。

医師も助産師さんもいなかった山の村です。命の誕生を助けてくれる人を「とりあげ親」とよんでいました。この日は旧の暦で一月二十五日初天神の日でしたとか……。村には私のほかにも、八幡様やお不動様の申し子が何人もいたことでしょう。

しみじみと語って数日も過ぎたころ、こんどは父と母がいっしょになって、笑いながらいうのでした。私は大正十二年（一九二三）関東大震災の年に生まれた震災っ子なんです。

「おとっつあんが震災見舞に東京へ行ったとき、お前は日比谷公園のベンチの上で泣いてたんで、拾ってきてうちの子にしただった」

と、機嫌のいい顔でいうのでした。それはウソ話だとわかってはいたのですが、しかられたときなどは「やっぱり拾いっ子だから、こんなにきつく怒られるのだ」と悲劇の主人公になって、自分を哀れんでみたりでした。

私は山の分校育ちなのですが、五年生になると本校へ通いました。畑のなかの道を通って、雑木林のなかを抜けて行く通学路でした。友達と連れだっての登下校でしたが、日直とかで一人で帰ることもありました。その一人で歩く道もまた楽しみな時間でした。――きょう家へ帰ると、東京のおかあさんが、私を捜しあてて迎いにきているのではないか。洋服と靴をもって――。着物にもんぺのくらしでしたから、洋服は憧れだったのです。東京の家には硝子窓があって、そこにはレースのカーテンがかけられていて、窓の下にはオルガンが置いてあってと、夢はひろがりました。

「東京へ帰ろう」といわれたらどうしよう。東京へ行くっていったら、おっかあが泣くべぇなあと、迷いながら下校の道を歩きました。

家に帰り着いてみると家のなかはからっぽで、おやつの入っている戸棚をあけると、「鍬を持って井戸坂の畑へこい」と、そんなメモが入っていて、現実にたち戻るのでした。こうして時々拾いっ子を楽しんでいたことを、父も母も知らなかったと思います。

父は義太夫の好きな人でした。小学生になるまでも父の膝にすっぽりと抱かれて、義太夫を子守唄に聞いて育ちました。口うつしに教えられることはなかったから、ちゃんと語れるものなど持っているわけではありません。義太夫を聞いて育ったことさえ忘れておりました。それが五十歳を過ぎたころから、掃除をしながら洗濯物を干しながら、義太夫の一節が口をついて出てくるのです。義太夫は情を語るもの、情を声にのせて切々と語るその旋律を、体のなかにしっかりともらいこんだのでしょうか。私の文章も語り口も義太夫の節まわしに似ているのかもしれません。よくても悪くても、子どものときに繰り返し聞いてもらってきたもの、その力に支えられて生きてきたことを思うのです。

母は前かけの好きな人でした。野良着にも丈の短い木綿の前かけをかけていました。

ひと仕事終わって家に帰るとき、前かけは先をつまめばポケットになります。そこへノビルやワラビや松ぼっくり、藁しべや縄のきれっぱしまで、なんでも拾いこんでくるのでした。家に帰り着くとポケットのものを縁側へひろげます。たべるもの、燃やすものとよりわけて、残ったごみはもう一度前かけのなかへすくいこんで、庭先の堆肥置場へおいてきます。

「腐って作物を育てる土になってくれるものを、僅かずつでも集めておかねえばさ、空身で帰ってくるでねえよ」

と、それが母の口ぐせでした。私は町へ出てくらすようになりましたが、いつの頃からか、母と同じくらしをしていることに気がつきました。外へ出るときはエプロンははずして、目には見えない前かけにかけなおします。人々との出会いのなかで心をふるわせてもらったもの、自分育ての作品育ての土になってくれるものを、その前かけのなかへもらいこんでくるのです。新聞や雑誌、テレビやラジオからもらった光ることばも、大切にノートにもらいこみます。それを「前かけ帳」とよぶようになりました。

絵本も童話もない山の村で育ちましたが、村人からのことばかけはいっぱいもらってきました。岩手県は遠野にお住まいで、わらべ唄や昔話を語っていらっしゃる阿部ヤヱさんはおっしゃいました。「遠野ではややこのまわりにはバカ三人いねえば、子どもは満足には育たねえといったもんだ」と。バカとは赤ん坊と同じ目の高さになって、あやしことばや遊び唄を繰り返しかけてあげる人。三人とは大勢ということのようです。母国語は耳から聞いて覚えるのではなくて、おっぱいといっしょに口から呑みこんで覚えるのだともいわれます。子どもの心を育てる「ことば」という母乳を、赤ちゃんのときにどれだけもらってきたか、それが豊かに育ったかどうかということになるのでしょうか。

製本された文字のある本には、出会えなかった子ども時代でしたが、体で読んできたくらしのなかの絵本や童話は、いまでも心のなかに鮮やかに残っております。それは二年生になる春休みでした。四つ年上の兄と二人で麦踏みに出かけました。素足で踏む足の裏を麦の芽がくすぐりました。一区切り踏み終えたところで、むしろの上に腰をおろして一休みです。そして兄が申しました。

「いいものの見つけ方を教えてやるでな、体をこうして低くしてみろ、目を細くして……」

と。そうして見えてきたものがかげろうでした。

「かげろうが萌えるっていうだ。雪が消えて春になると心がおどるべあ。土だって同じことさ。今年こそいい麦つくるべあって、土の心が萌えたっているだよ。その萌えることを希望っていうだ」と。

それは麦畑のなかで兄が読んでくれた『かげろう』という絵本でした。

昭和のはじめ私が子どもだった頃、山の村にはまだ字が読めないご夫婦が何人かおられました。町へ出ていった息子や娘からの便りは、配達した郵便やさんが読んでくれました。ゆっくりと心に落ちるように、二度読んでくれるのでした。おじさんはぐすぐすと鼻をかんで、おばさんは手ぬぐいの端で目頭をおさえながら聞きました。両親の健康を心配し近況を知らせる手紙にうなずいて、胸をつまらせていたのでしょう。数日もするとこんどは返事を書いてもらうのでした。書いてほしいことをことばにして伝え、文章にしてもらいます。私はそんな光景に何回かであってきました。庭先にしゃがみこんだり、縁側の端に腰かけて耳をかたむけたりです。郵便やさんと字の読めないおじさんとおばさんの、会話を聞くのが好きでした。掌編童話を読んだあとのようなぬくもりを感じておりました。私が一ばんはじめに憧れた仕事、それは手紙を読んだり書いたりしてあげる郵便やさんでした。

私が育った家では一日が終わって夜のいろり端に家族が集まると、それぞれにきょうのあれこれを語り合うのでした。明治十二年（一八七九）生まれの父はことば少ない人でしたが、子どもの話を楽しげによく聞いてくれました。

「きょうのひろの話はいい話だった。いま一度板の間に立って話してみろ」

と、いわれたものです。褒められたのが嬉しくて少しことばを整えて、舞台にでも立ったように語りました。父に褒められたくて作文の種でもさがすように、アンテナを磨いていたような気がします。父が旅立ってもう六十数年にもなりました。板の間はいつの頃からか原稿用紙になって、父に宛てた手紙を郵便やさんになって、書いているのかもしれません。

そのことを意識していたわけではありませんが、息子が小学生になった頃から、夕食のテーブルに座ると、

「きょうもなにかいいことあった」

と、問いかけていました。そして一日の心に残ったことを語らせ、それをノートに書きとめさせて……。六年生が終わるまで書きつづけたノートは、高く積み上げるほどにもなって、大切にとってありました。板の間はノートになったのですが、親からもらったものを、自然に子どもに手わたしていたことに気がついたのは、息子が大きくなってからでした。

「あなたにとって人生とはなんですか」と聞かれたら「前かけと板の間でした」と、そんなふうにこたえるでしょうか……。

第一部
児童文学と昔話フォーラム

（2011年3月6日、東京学芸大学にて）

前列左から、岩崎京子、小山内富子、石井正己
後列左から、あまんきみこ、野村敬子、渡部豊子

授業の語りを実現するにあたっては、
コカ・コーラ寄附講義関連プログラム
の助成を受けました。

趣旨

昔話と子どもをつなぐ児童文学

石井正己

一　教育学部における児童文学研究の必要性

私のように日本の古典文学や昔話などを学問として扱っている人間にとっては、児童文学というのは憧れと言ってもいいような存在です。今日、このあとお話しくださる方々が、こうしてこの場所に一堂に会してお集まりくださったというのは、夢のような出来事と言ってもいいでしょう。大袈裟に言えば、今日の一時は、昔話と児童文学が正面から向き合うことになる歴史的な事件になるはずです。

私自身の幼い頃の環境を思い出しますと、決して絵本や紙芝居や童話をたくさん読んできた子どもではありませんでした。夢中になって読んだと言えば、偉人の伝記ばかりで、これはほとんど読みつくしました。今日、会場には妻が来ていますけれど、夫婦喧嘩のなかで、「あなたは幼い時に本を読んでいない」と叱られます（笑い）。確かにその通りで、その負い目がコンプレックスとしてあって、全く個人的には、児童文学への憧れをどこかで乗り越えたいという気持ちから、この企画を催したのかもしれません。

文学研究には古典文学と近代文学とあって、近代文学は明治・大正・昭和、そして現代になります。

しかし、子どもを読者に想定した児童文学は非常に曖昧というか、極端なことを言うと、座る場所がないのが実情だと思います。ただし、東京学芸大学は教育学部ですので、児童文学を研究の中心に据えないと、将来、教室に行って教壇に立つ学生たちは、文学を教えられないのではないかという思いが強くあります。私自身は、二一世紀には、児童文学を教育学部における文学研究の一番大事な場所に据え直してみたいという気持ちがあります。

私は世界に名だたる『源氏物語』もよく知っていますが、その中には物語作品が児童文学でもあったことがよく表れています。登場人物は昔物語を物事を考える際の大事な規範にしながら生きています。それは今でも変わることはないはずで、子どもたちが文学のふるさとを持っているのかどうかということは、生きる上でとても大事な原点になるはずです。その点で、児童文学はとても大事な役割を持つのではないのかと感じます。そこで今日は、児童文学者が昔話と子どもたちをつなげてきた役割を改めて振り返ってみたいと思うのです。

二　子どもたちの聞く力を育てるために

昔話というのは、お爺さんお婆さんが孫たちに声で語り聞かせてきたものです。語りでなくても、お父さんお母さんが絵本や紙芝居を使って子どもたちに読み聞かせてもかまいません。語るのか、読むのかという違いはあっても、実に多くの子どもたちが今も、幼稚園や保育園、児童館ばかりでなく、家庭で昔話を聞いているのです。それによって子どもたちはお話を聞く力を身につけてゆきます。

近年、都会でも地方でもいろいろなかたちで昔話の見直しが行われていますが、地方の場合は村おこしと連動して、語り部が活躍を始めています。最近よく見られるようになったのは、子ども語り部と称して、子どもに昔話を語らせる場合です。しかし、観光に連動している場合には、子どもを商品化することになりますから、安易に承伏することはできません。その子と関係者のつまらぬ自尊心を刺激するだけで、百害あって一利もありません。まして、そこから将来の語り部が生まれる可能性は絶対にありません。昔話を考えたことのある人ならば、その程度のことは常識でしょう。

子どもたちが昔話を聞くのが重要なのは、語り部にするためではありません。落ち着いて話を聞くことが難しくなっている子どもたちが、耳をこらしてじっと聞く力を育てることが大切です。さまざまな障害を持った子どもにとっても、このことは重要です。落ち着いて話を聞く力は、やがて豊かなコミュニケーションを培う基盤になります。子ども語り部でお金儲けをしたいのならばともかく（笑い）、まともな子どもを育てたいのならば、観光のような場で安易に昔話を語らせてはいけません。

かつては囲炉裏や炬燵《こたつ》、火鉢、布団《ふとん》といったぬくもりの中で昔話を聞いたわけです。同じ聞くにしても、遠野の正部家《しょうぶけ》ミヤさんや菊池ヤヨさんのように、父親の菊池力松さんの両膝に抱かれて昔話を聞くこともありました。私の経験でも、絵本を読み聞かせる場合には、娘を抱きかかえて一緒に絵本を見ながらでしたし、布団で寝かせるときには、絵を見せるようなことはなく読み聞かせますが、先に寝てしまうのは娘ではなく、私自身であることがほとんどでした（笑い）。

三　親子関係の原点をつくる子守唄と昔話

現在の生活では床暖房があり、子どもたちは個室を持っていて、それは近代生活の理想像であったわけです。その結果、囲炉裏や炬燵、火鉢は姿を消し、それに代わるように、ラジオやテレビ、パソコン、携帯電話が普及しました。核家族化が急速に進んだにもかかわらず、むしろ家族の関係は希薄になってしまいました。便利で快適な暮らしを手に入れましたが、子どもたちは忙しい両親と触れ合う時間を失い、しつけはすっかり幼稚園・保育園や学校などに委ねてしまっています。しかし、家庭の中で子どもたちが安心して抱きしめられて育つような経験がどうしても必要です。

たとえば思春期になると、親が邪魔になるというのは、男の子でも女の子でも多くの人にあるわけです。子どもはどこかで親を乗り越えて自立しようとするからです。さらに大人になって結婚をして、子育てをすることも多いでしょう。しかし、やがては、衰えてゆく親に対する介護の時期を迎えることになります。核家族化した中で、遠距離の介護は容易ではなく、多くを制度に依存せざるをえません。しかし、子どもが親とどのように接するかの原点は、幼い時の親子関係が決定的に重いように感じます。介護の時期を迎えたときに遺産をちらつかせても（笑い）、深い愛情が生まれるはずはありません。

かつて親子関係をしっかり結ぶ大事な媒体として、子守唄や昔話があったのではないかと思います。お祖父さんお祖母さんが孫たちを育てるときには、五〇年前に自分のお祖父さんお祖母さんから聞いた唄や話を歌い語ったはずです。子守唄や昔話は、平気で半世紀を距《へだ》てて歌い継がれ語り継がれてきたのです。そこで今、新たな親子関係を構築するために、人々が長い間大切にしてきた子守唄や昔話の意義を再発見したいと考えているのです。

四　民俗学者と児童文学者の昔話観の違い

民俗学者は、昔話がなくならないうちに記録しておかなければいけないと考えて、昔話を集めました。その結果、六万話とも一〇万話とも言われていますけれども、それだけの昔話が記録として残されました。ユーラシア大陸東端の島国が豊かに昔話を伝えてきたことが明らかになったのは、これまでの一〇〇〇年に及ぶたゆみない努力の結果だと思います。民俗学者の使命感がなければ、昔話の記録はきちんと残されなかったはずですから、大きな視点で見れば間違いではありませんでした。

ただし、民俗学者が失敗したと思うのは、記録した昔話を地域や家庭に戻すということをしなかったことだと思います。なぜ戻さなかったかは簡単なことで、自分たちが記録したものが再び民俗の中に環流することを嫌ったからにほかなりません。できるだけ古い昔話を記録したいという欲望とともに行われた採集や研究の中からは、それを次の時代へ渡そうとか、それによって家庭を豊かにしようという発想はまったく生まれなかったのです。

やがて高度経済成長期を迎え、小型の録音機が普及すると、誰もが一台を持つことができるようになり、たくさんの昔話が収録されました。それまでは精確な記録を残すことが難しかったのですが、語りを忠実に記録することが可能になりました。出版も盛んでしたので、多くの昔話集が刊行されました。しかし、それらは研究室や図書館の書庫に埋もれてしまい、全く生かされていないというのが二〇世紀までの状況だったと思います。消滅する昔話は記録に残せばいいと考えられてきたのです。

それに対して、巌谷小波《いわやさざなみ》から始まって、坪田譲治《つぼたじょうじ》、浜田広介《はまだひろすけ》、与田準一《よだじゅんいち》、松谷みよ子といった児童文学者は、昔話が子どもたちにとって大事な財産になると考えて、盛んに書き残してきました。そこには、昔話は消滅するものという思想はまったくなかったと思います。その点では、民俗学者の昔話観とは対照的だったということができるでしょう。次の時代に渡すということは、民俗学者が嫌ったぶんだけ、児童文学者たちが一生懸命やってきたのではないかと思うのです。

五　民俗資料をもとにした児童文学者の再話

巌谷小波の時代には、資料の厳密性は求められませんから、昔話を題材にしながらも作家として自由に力量を発揮することができました。江戸時代の赤本以来の伝統に拠りながら昔話を書きましたけれども、戦後の児童文学はそうした方法はとりませんでした。むしろ、小波式の昔話を批判するところから始まったと言っていいでしょう。

このことは改めて論じなければならない重要な問題ですが、児童文学者は、民俗学者が日本各地で集めた民俗資料をもとに再話するようになります。戦後になると、柳田国男の『日本昔話名彙』や関敬吾の『日本昔話集成』によって、次第に日本全国に伝えられた昔話の様子がわかるようになってきます。そうした学問の蓄積が児童文学に生かされるようになったのです。民俗資料は児童文学者を介して、絵本のかたちで子どもたちに手渡されたことになります。

そのことが最もはっきり現れるのは、「舌切り雀」の場合でしょう。お婆さんに舌を切られた雀が飛んでゆき、帰ってきたお爺さんはかわいい雀がいなくなったので、探しに行きます。江戸時代の赤本では、あっという間に雀のお宿に着いてしまいますが、日本各地に伝えられた昔話では、お爺さんが雀の

画工・竹内栄久『舌切すゞめ』（明治13年）（復刻版）

お宿に着くまでたいへんな苦労を重ねます。難題を克服した結果、雀のお宿にたどり着くのです。

例えば、馬洗いどんに「この馬洗い汁を七桶ながら食べたら教へちやる」と言われ、次には牛洗いどんに「この牛の洗い汁をなあ、七桶ながら食べたら教へちやる」と言われます（大分県。鈴木清美『直入郡昔話集』）。馬や牛を洗った汚い水を、しかもそれぞれ七桶ずつも飲めますか（笑い）。かえって大袈裟な誇張がおもしろいところですが、そこまでして雀に会いに行こうとするところに、お爺さんの深い愛情が感じられます。

精確に調べたわけではありませんが、戦後の「舌切り雀」の絵本は、ほとんどがこうした口承の昔話に基づいていると思います。もちろん、後半で、雀の舌を切ったお婆さんがお爺さんをうらやましく思って、雀のお宿に行く際にも、七桶の馬の洗い汁を飲み、七桶の牛の洗い限がある赤本では省略されていたと考えられますから、むしろ原型に戻ったと言えるかもしれません。

六 柳田国男から坪田譲治に渡されたバトン

昭和五年（一九三〇）に、柳田国男がアルスの日本児童文庫で『日本昔話集　上』を出します。「はしがき」で、この昔話集の昔話と家に伝えられるお話が違っても不思議なことではなく、自然におもしろい方向に動いてゆくのだと説いています。そして、どうしてこんなに違ってきたのか、大きくなってから考えてごらんなさいと結びます。全部で一〇八話を収録しますが、それまで児童文学、当時の言葉で言えば幼年文学や少年文学から、民俗学が学問の立場から昔話を奪い取った瞬間だったと思います。

こういう形で、柳田国男はむしろ子ども向けの読み物から昔話研究を始めます。やがて、この本は『日本の昔話』とタイトルを改め、柳田国男が書いた本の中でも最もよく読まれる一冊になりました。ところが、改版では次第に子ども向けの読み物ではなく、学問の資料にされてゆき、やがて柳田国男が亡くなる直前から刊行が始まった『定本柳田国男集』に落ち着きます。しかし、子ども向けの本に力を注ぐ啓蒙家でもあったことは、全く評価をおとしめることにはなりません。

坪田譲治は、昭和一八年（一九四三）に『鶴の恩がへし』という本を出しています。「あとがき」には、この本の三〇話のうちの半分は柳田国男の『日本の昔話』から戴いたものであるが、「昔話はお国ものだから、遠慮しなくていい」と言われたことを書いています。坪田は「名作をただ幼年向きに書き直したばかりで、心中誠に申訳ない気がする」と漏らしています。柳田は自分が書いた文章を児童文学者が書き直すことについて、実に寛容であり、深い理解があったことがわかります。

例えば、柳田が書いた一話に、秋田県の「松子の伊勢参り」という話があります。若い男女が伊勢参りをするのですが、旅費が足りなくなり、宿屋の主人に借ります。村人が翌年参宮して、その話になり、実は村の諏訪神社の二本の松の樹が人の形になって伊勢参りをしたのだということがわかった、という話になります。昔話というよりも、今ならば伝説に分類すべき話かもしれません。

坪田はこれを「松の木の伊勢参り」というタイトルで、『鶴の恩がへし』に収録しています。民俗学者が書いた文章と児童文学作家が書いた文章がいかに違うかということは、実際に二人の文章を読みくらべてみればよくわかります。坪田の文章は、一つは非常に会話が豊かになっていること、二つはデス・マス調のやさしい文体で書かれていること、そして、伊勢参りをする庶民の敬神のこころが強調されていることが特色です。

七　占領下に検閲された昔話と坪田譲治の役割

この話は、人間だけでなく、松の木まで伊勢参りするというわけです。柳田国男の原文にはありませんけれども、坪田譲治はこんな一節を末尾に加えています。

しかし、考へて見ると、お伊勢さんといふものは、尊いものであります。このやうな松の木でさへ、そして、出羽といふずゐぶん遠い、本州のはての方からでさへ、お参りをしにやつてくるのをみてもわかります。松ばかりではありません、昔は蛙でも鼠でも、また、いも虫でさへ、大神宮に

坪田穣治『鶴の恩がへし』
（昭和18年）表紙

坪田穣治『鶴の恩がへし』
（昭和22年）表紙

お参りに来たといふのであります。

伊勢参宮は江戸時代から非常に盛んでしたが、この時期には国定教科書にも取り上げられて、天皇制教育と密接に結びついていたはずです。時代の雰囲気をこうして顕在化したのでしょう。

しかし、昭和二二年（一九四七）の青い表紙の『鶴の恩がへし』四刷には、占領軍の検閲が入っています。谷《たに》暎《えい》子《こ》さんのメリーランド大学プランゲ文庫の調査によって、実態が明らかになってきました。それによれば、今、引用した箇所には「Delete」と記入があり、削除されているのです。実際、四刷は、紙型はそのままにして、そこを無地にしています。伊勢参りは民主主義の時代にはふさわしくないと判断されたのです。「古屋のもり」「金剛院と狐」「牛方と山姥」は「かたき討ち」の部分が削除されています。

そうしたことはあるにしても、坪田譲治は柳田国男の理解を得ながら、戦前から戦後にかけて児童文学の領域に昔話の再話をきちんと位置づけ、子どもと昔話をつなぐ大事な役割を果たした人だろうと思います。民俗学の資料をもとにして、きちんとした昔話を児童文学者は書くべきだという判断は、ここから始まったと言っていいでしょう。しかし、その際にも、昔話の表現というものは、時代の束縛から決して自由ではなかったということ考えてみるべきかもしれません。

やがて新しい時代が来て、坪田の教え子である松谷みよ子さんの再話が大きく花開くことになります。そうした時代を創ってきたおひとりに、このあとお話しいただく岩崎京子さんがいらっしゃるわけです。不朽の名作『かさこじぞう』もそうした時代の雰囲気をとらえつつ書き上げられたにちがいありません。児童文学者が未来を生きる子どもたちに昔話を与えてきた役割は、これから大いに評価されることになるでしょう。予定の時間が過ぎましたので、前座はここまでにして、岩崎京子さんの講演に移りたいと思います（拍手）。

【参考文献】

・石井正己「解題　日本昔話集」『柳田国男全集5』筑摩書房、一九九八年。
・石井正己『桃太郎はニートだった！』講談社、二〇〇八年。
・いわさききょうこ・ぶん、あらいごろう・え『かさこじぞう』ポプラ社、一九六七年。
・鈴木清美『直入郡昔話集』三省堂、一九四三年。
・谷暎子『占領下の児童書検閲』新読書社、二〇〇四年。
・坪田譲治『鶴の恩がへし』新潮社、一九四三年・初刷。

・坪田譲治『鶴の恩がへし』新潮社、一九四七年・四刷。
・柳田国男『日本昔話集　上』アルス、一九三〇年。

講演

子どもたちへのプレゼント

岩崎京子

一　大川悦生先生の指導で世田谷を歩く

プログラムを見ますと、昔、一緒に苦労をした小山内さんとか、あまんさんとかが出ているので、どうして先生にあたしの過去がわかったのかなと思いました（笑い）。ちょうど福岡に出かける直前に、先生からお話があって、レジュメはないかって聞かれたので、その手紙を持って、取材先のホテルで返事を書いた、その秘密文書が出回っているのではないでしょうか。ちゃんと話せるかどうかわからないのですけれど、よろしくお願いいたします。

そもそも最初書くつもりなかったのですけれど、書かされることになっちゃって、ああいうおばあさんになりたくないっていう教訓にしてください（笑い）。とにかく児童文学を志向してきたけれども、ろくな話も書けなくて、やっぱり叙情みたいな、子どものかわいさ、すごくかわいいという童心主義のそういう話を童話にするということを、小山内さんたちと一緒にしていたのですけれど。

そのころ、古田足日《ふるたたるひ》さん、神宮輝夫《じんぐうてるお》さん、鳥越信《とりごえしん》さん、山中恒《やまなかひさし》さん、若い獅子というか、元気な方たちが、子どもはかわいいだけじゃないっていう「少年文学宣言」を出した。文学というのは登場人物の行動だけを書く叙事がいいというのです。ちょうど同じころ、石井桃子《いしいももこ》さんとか、松居直《まついただし》さんとか、瀬《せ》田貞二《たていじ》さんとか、そういう方たちも同じことおっしゃったんです。叙事ってなんだろう、主人公の行動だけど、民話もそうだなとちょっと思ったんですよね。いつ、誰が、どこで、何をしたっていう、それなら昔話の勉強すればいいんだなと思った。

そのとき、ほんとにタイムリーと言ったらいいのか、私たちの町に民話作家の大川悦生《おおかわえっせい》先生が越していらっしゃったんです。そして、私たち、文庫もお世話で作ったし、昨日、実は親子読書地域文庫連絡会というのが四〇周年なんです。そのお祝いがありましたが、その創立から五、六年経ってから、私たちの文庫を作ったので、その下ならしを大川先生がやっていてくださいました。

とにかく、大川先生は民話のことも教えてくださったのですよね。全国各地にいらっしゃって、採話をなさるんです。たとえば、岡山県の津山とか、それから山形県、沖縄とか。私は足にくさびがついている身分ですので、許可が出ないと出られないんですよね。しまいにはずうずうしく出歩いていましたけれども、はじめはういういしく、主人の言うとおりにしてました。遠出はできないけれど、近場を連れて行ってもらいました。

私たちの住まいは世田谷区の西北、丑寅《うしとら》にあるので、その反対側の、今年の恵方《えほう》の三軒茶屋とか、駒沢とか、深沢とか、そっちの方にちょっと行ってみると、私たちの住む町と違う雰囲気なんです。それでもまだ田園たっぷりなんでね、たとえば、深沢の豪農、大地主でいらっしゃる秋山さんというお宅に大きな欅《けやき》があって、「今、渡り鳥がとまってる」って、大川先生に連れてってもらって、そこがすごく賑やかな大合唱しているんですよね。

それからどこのお宅だったか覚えてないんですけれど、囲炉裏端に行って、その灰の中に掘ってきたお葱《ねぎ》を埋めて、お話を聞いているうちに、いい匂いがしてきて、皮をむいて食べます。それが甘くて、すごくおいしいんです。こんな甘くてやわらかいのは、初めて体験したんですけれど、うちに帰って、灰なんてないんです。ガスで焼いたり、炭おこして網で焼いたり、フライパンで焼いたり、全然違うんです。あの味、まだ覚えてますけど、まず食べたことないんです。灰を多量に持ってる囲炉裏でないと、あの葱は食べられないなと思っています。

そして、「深沢小学校の塀の外にね、子どもの好きなお地蔵さんがいるよ」って、大川先生が連れてってくれたんです。ぽつんとお地蔵さんがいて、まわりが広場で、そこで子どもが遊んでるんですけど、子どもたちはお地蔵さんになついちゃって、大胆に肩の上に上がちゃったり、もっとひどい子は木の上に上がって、枝からオシッコする（笑い）。

そしてお地蔵さんをお守りしているお爺さんが来て、「罰当たりだ」と怒ってね、お地蔵様に小さな御堂を造ったら、お地蔵様が夢枕に立って、とても怒っているんですって。お爺さんは、「済みません、済みません、子どもが失礼なことをして、もうオシッコなんかかけないように御堂を造りましたから」って。「それは余計だ。こんなものを造ったから子どもが来てくれない。オシッコもかけてくれない。早く御堂を取ってくれ」て。それで御堂を取って、立っているお地蔵様がいたんです。それはちょっと忘れられないし、近くにあっても知らないところがあるという教訓を得たんです。

二　『かさこじぞう』が生まれるまで

ちょうど大川さんがポプラ社で、「むかしむかし絵本」っていう全二〇巻二〇話の監修をして、昔話の大家たちに書かせて、「あんたも書かない？」って言うんですよね。人生ぽっと出の私にですよ。もう四〇過ぎているから、ぽっと出という形容はちょっとはずかしいんですけど、初心者、やっと民話に引っ掛かっているという程度の私にね、「書かないか」とおっしゃった。「駄目です、駄目です、止めてください」ったら、「駄目か駄目じゃないか、書いてみなけりゃわからないでしょう。やって駄目なら、それで引っ込めればいいでしょ」って先生に怒られて、「じゃあ、お地蔵さんの話、書いていいですか」って、お地蔵さんと子どものむつみ合う、そういう話だったら書きたいなあなんて思って。

もう一つ、私、お地蔵様に幼友達がいるんです。世田谷区の経堂《きょうどう》という所で過ごしましたけれど、駅の裏に福昌寺《ふくしょうじ》というお寺があるんですよね。そこの境内が子どもの遊び場ということになってんですけど、そこに行くと誰か遊んでて、「入れて」って言うと、すぐ入れてもらえる場所なんです。それで私たちが遊んでるのを、六体のお地蔵様がにこにこ見ているんですよね。私たちの方も簡単になついちゃって、お地蔵さんも遊びに入ってもらうんです。ゴム跳びの縄を首に引っ掛けて（笑い）、お持ちをしてもらうわけですけど、忘れられない表情を覚えてますよね。私の友達のブリキ屋の何とかちゃん、下駄屋の何とかちゃん、お役所に行ってるお家の泰子さん、おじぞうさまも幼友達のひとり、そのお地蔵様のことだったら書きたいなと思って。

たとえば、「猿地蔵」とか、「地蔵浄土」っていう、そういう類なんですけど、「それでいいか」って言ったら、「いいけど、シリーズの他の作品との関係から、テーマのはっきりしたお地蔵様がいい。「笠地蔵」を書きなさい」って言うのですが、「笠地蔵」を知らなかったのですよね。でもしょうがない、それじゃ、駄目でもともと、やるだけやってみようと、だんだん人生に慣れてきまして、ずうずうしくなりましてね、民話の本を探し歩いたんです。

すると、各県に「笠地蔵」ってあるんですよね。わりと有名な話だったんです。たとえば、高知の「笠地蔵」だと、雪じゃなくて雨なんですよね。それから栃木の「笠地蔵」っていうのは、お地蔵様の橇歌《そりうた》が、「婆の心は悪けれど、爺の心がいいままに、えんやこら」って引いてくる。そうすると私はむかっとしたんですよね（笑い）。民話のお婆さんって、意地悪でね、焼き餅焼きでね、怒りんぼで、悪役でしょう？　そんなのはない、お爺さんばっかり、なんでもかんでも条件よくてね（笑い）、婆様が悪いというのはおもしろくないから、いいお婆さんを書きたいなと思いました。

　実は、私も「舌切り雀」のお婆さんだったんですよね。あんまりいい婆様じゃないわけ。だけど、明日はうちの爺様、世界一って言おうなんて思ってね、そんなこと、照れくさいから、ちょっと言えないんですけどね。でも、心の中で言おうと思ってんだけど、顔を見ると、「お爺さん」ってやっちゃうんです。で、また反省する。そういう連続だったから、いいお婆さん書けば、私の気持ちもだんだんそうなるかなあっていう、そういう自分の心のフラストレーションを満足させるような話になっちゃったんですよね。

　それから、大川さんに、「そこがおかしい」とか言われて、何回も何回も書き直しまして、やっとあの本の中に入れてもらえることになったんですよね。すると、すごいラッキーというのか、副読本に使うというところがあって、へーえ、そんな、いいの？なんて思ってましたけど、そのうち、いろんなところから、「読んだけど、これがおかしい、あれがおかしい」なんていうのが出てきたんです。

　本になる直前だったんですけれど、福音館から『かさじぞう』っていうすごい名著が出ちゃったんです。瀬田貞二さんの文章で、赤羽《あかば》末吉《すえきち》さんの絵で、すごくいいんですよね。もう圧倒されちゃって、すぐまた大川さんの所に飛んでってね、「こんなの出ちゃった。あれ下ろしてください」ったら、「また何かあんの?」って言われて、もう大川さんのブラックリストに載ってたんですけれどね。「じゃあね、「かさじぞう」という題を、「かさこじぞう」にしなさい」って(笑い)。そう意味じゃないんだけどなあと思い、大川さんの顔見ながら、これ以上文句言うとうるさいかなと思ったから、「はい、わかりました」って帰ってきた。

三 『かさこじぞう』に対する評価

あるとき、近所の学校の校長先生から電話がかかってきたんですよね。「あんたの話を研究授業に使いたいんだけど、あんたも見にきますか」って。「はあ、勉強になるから、ぜひ伺わせてください」って伺ったんですよね。そうすると、ブロックの国語の先生が三〇人くらい、コの字型に教室を埋めてて、先生と子ども、かわいそうと思ったけれど、あたしも見させていただいたんです。

お授業は順調に進んでいったんですけれど、終わりに近づいたら、先生が、「この中に、この文章を書いた人がいる(笑い)。質問しなさい」って。そんな約束になってなかったんです。見に来たかったから来ただけで、そんな困ると思って、爺様って聞かれたらどうしよう、婆様って聞かれたらどうしよう、ああ、もうどうにでもなれって居直っていたら、真ん中ぐらいのお嬢さんが、ぽんと立って、くるっと後ろを見て、「おばさん、いくつですか」って(笑い)。そういうのは、しょちゅう、どこでも言われてるので、もう平気なんです。

もっとおもしろい子どもは、「今、いくら持ってますか」って(笑い)。授業に全然関係ないのにね。大人を見るとそういうふうに言うんでしょうね。でも、子どもっておもしろいな、来年になるといろんなことと覚えて、はずかしくて言わないだろうな、今がおもしろい時期なんだろうなあなんて思って、その子名前控えてきたりしてね（笑い）、喜んでいますけれど、あんまり喜んでもいられないんですよね。

研究授業っていうのがおっかないんです。子ども怖いなんて言ってられなくてね。その後、教材のディスカッションがあるんです。あたし、被告（笑い）。真ん中に坐《すわ》らされて、もう小さくなって、何言われるか、だいたいわかっているから、びくびくしてるんです。若い男の先生が、「爺さんも婆さんも、食べる物もなくて、栄養失調でしょう。でも、橇は引いてくる。お地蔵さんは、死後の夢でしょう」と言うのですよね。私、何と答えていいかわかんないですよね。今の若い先生、こういうふうに考えるのだなって、もう答えるのなんかわかんないなんて思って、ほんとに立ち往生しましたけど、そんなことしょっちゅうなんです。

先生怖いというのがあるけど、本を採られたときから編集者怖い、でした（笑い）。しょっちゅう電話かかってくるんですよね。このごろ電話に出なかったり、隠れたり、押し入れに入って聞こえないようにしたりしたことがあったんです。それと同じような状態なんですけれど、いつ、なんて言われるか、もう電話暴力みたいなのがあってね。「なんとか社の何とかという編集してるもんだけど、『かさこじぞう』の何ページの何行目の、あれね、主語がないね」なんて言われて、「すみません、ほんとありませんでしたね」って、急いでつけたりしてね。そうするとバランスくずれちゃって、他の先生から、「あれおかしい」ってまた言われて、また取る（笑い）。それの繰り返しだったのです。

それから、爺様が出かけるときは、雪の気配もなくて、「人参、牛蒡《ごんぼ》買ってくるでよ」って出かけたのにね、もう何時間も経たないうちに吹雪になって、吹き降りで、地蔵様に斜めに雪積もった。「積もるというのは、水平にこうなるのが積もるでね、こういうのは積もるって言わない」って言うんです

（笑い）。へえ、あそこに積もってたけどなあなんて思って。実は山形に行ったときに、大雪で、電車が山形に行かなくなっちゃった。それで福島でしばらく待ってて、雪が止んだ。「それー」って、みんなで乗ってってたときに、片側だけに雪がこんなになってですよね。それでこれを使っちゃった。ものすごく凄まじかったので、記憶に残って、これ使わなくちゃと思っちゃったんですよね。それでこれを使っちゃった。使う場所があんまりよくなかったんだと思うんですけど、それも言われて、そういうのがもういっぱい。ほんとうに胃が痛くなっちゃうくらい、そのころあったので、楽あれば苦ありというとこ。苦あれば続いて苦あり（笑い）という感じでね、そういうのが続いちゃったんです。

四　大変な思いをした『かさこじぞう』

いろんな怖いものがいっぱいあって、もう怖いのがないと思うと、身内に怖い人がいたんです。うちの主人なんですけど、理科教員なんですね。だから、国語のことをいろいろ言わなくてもいいのにね、言うんです（笑い）。「理科でも、算数でも、歴史でも、社会でも、みんな日本語で子どもが習う。だから日本語をしっかり子どもが修得してくれなけりゃいけないのに、下手な児童文学があって、教科書が乱れる、日本語が乱れる」って言うんです。

ええ、やっとあたし市民権得たつもりなのに、身内で足引っぱることないでしょ。そこから先はちょっと言いたくないですけど（笑い）、夫婦喧嘩になりますのでね。もとはと言えば、あんたが、テーマ決めて勉強しろって言ったでしょうということになるんですがね。あれが原因だと、今でもそう思っております。花粉症をして出かけなきゃなんないのも、あのせいですよ（笑い）。

夫の怖いという、それだけじゃ済まなかったのです。もっとおっかないものが現れたのですよね。一九八〇年ごろ、安保のころなんですけれど、自民党の文教委員というのがいて、その怖い方たちが、「教科書が偏向している」って言うんです。それで『かさこじぞう』があげられて、「貧乏物語なんて、子どもに必要ない。なんであんなのを教科書に出すんだ」と言われちゃって。ああ、私の文学生命はこれで終わりだななんて、文学生命なんて特になかったですけれどもね。引っ掛かったところで、もう後に戻れないとこだったから、これでおしまいだあ、あのときは、でもちょっと大変だったです。

九州の図書館で、ちょっとお話を頼まれて行ったんですよね。そしたら、東京の新聞社で、「岩崎京子、行方不明」（笑い）。逃亡している。どうも九州に行ったらしい。九州に水上平吉《みずかみへいきち》さんていう児童文学者がいらっしゃるんですよね。そこに新聞社が電話かけて、「岩崎京子を探してください」って言ったんですって。ほんとうに九州のどこだか、九州って広いんですよ。試しに福岡の図書館に、こういう電話かかったけど、「どっかにいませんか」って、「あ、うちにいます」って言っちゃったんですって。

そして、その会場に来て、いろいろ聞かれて、ほんとに死にたくなりました（笑い）。

ほんとにどうしようかと思ったんですけど、民話の会の方たちとか、みなさんが応援してくださって、『かさこじぞう』はなくならないってことになったんだけど。ちょっと九州じゃなかったんですけど、どっか行ったときに、「闘士来たる」って書いてありました。あたし、闘士ですよ、そんなことないのにね、『かさこじぞう』って大変でした。あれでやっと騒ぎ終わったとお思いでしょうけど、今も続いてんですよ（笑い）。

五 ファンタジーの持つ新しい発見

実は、近所の学校の二年生に呼ばれて、「一緒に勉強しましょう」って、受け持ちの先生が言ってくださったの。机と椅子をあたしもいただいて、そこの教室に座って、一緒に『かさこじぞう』のお勉強をさせてもらったんですよね。でも、それなりに順調に、私の思ったとおり授業がずるずると続いていった。

そして、休み時間になったら、隣の男の子、あたし、顔も覚えています、名前も知っていますが、言いませんで（笑い）。その子が、「地蔵様って石でしょう？　石が寒いの、冷たいのって、ないんじゃないですか?」って、ぎくっとして（笑い）。「橇なんか引いていくの考えられない」って言うので、ぎくっとなって。「だいたい人参とか牛蒡とか、お餅とか、どっから持ってくんの？」って。あれえ、ほんとだ、どっからあの地蔵さん持ってくんだろうって思っちゃう。

そうすると、『アラビアン・ナイト』の「アリババと四〇人の盗賊」という話がさっと思い浮かんじゃってね、「爺婆と六人のお地蔵さん」という（笑い）、『アラビアン・ナイト』が浮かんできて、そのほうが『かさこじぞう』よりおもしろいですよね（笑い）。ああ、それもらったって言いそうになって、ああ、我を忘れちゃいけないって、また思って。

「あのね、石が動かないっていうのや、それから、寒いの、冷たいのないっていうのはほんとうのことで、物理的に言って正しい。でも物語というものがあって、そこでこう使う場合もあるでしょう?」と言ったら、「わかんない」って言うんです。

ちょうど一二月だったんですよね。「ほら、大きな袋担いで来る人いるでしょう?」って、「ああ、サンタクロース」。「そうそう、その人のこと信じる?」って言うと、「信じない」って。「ええ、だってプレゼントもらったでしょ?」って。「あれはね、親が置いとくんだ」って（笑い）。わかってんですよね。それで、あたし、どうしていいかわかんない。

あまんさんの童話だと言っても、急にはその子思い出してもらえないかもしれないし、「一晩、時間頂戴。宿題にして。今晩考えて、手紙書くから」って言って許してもらって、それからまた悩みはじめて、寝らんない。でも、逆にわかりの悪い、わがままで、一旦言いだしたら言うこと聞かない人のことを石頭とか、心臓が石でできているとか、そんな言い方ないですか。「石頭ってあるでしょ。その人も考え直すとき、どうしたらその人の気持ち動かせる?」て言うと、「わかんない」って言うので、「一緒に考えよう」というのを宿題の答えにしたんですけど、自分も納得してないんですよね。ずっと考えてんです。

「たとえば、あまんさんのお話でも、お母さんの留守に女の子がスケッチブックに絵を描いてて、お家描いて、窓描いて、カーテン描いて、ドア描いて、そのドアを開けて、その家に入っちゃって、お母さんが帰ってきて、『開けて頂戴。どうしたの、開けてえ。ああ、どこに行ったのかしら』って、開けて入ると、ゴミが散らかって、子どものかいた絵も捨てるという、ちょっと怖いお話があるんだけど、そういうのを解らない?」って言っても、「そんなのない」って言われちゃって。あの子、私の生涯の宿題なんですけど、いまだに答え出してあげてないし、もうすぐ五年生になる子なんですけど、怖いから逃げてんですよ。向こうも言ってこないし、あたし自身、それが宿題なんです。

物語の中でそういう話を探してるけれど、信じてない子は、「お話は嘘だ。童話なんていうのは作り物で、ノンフィクションだけが真実だ」って言ってるので、あんまりそれを出すとあれだけど。何か今考えている最中だけど、そのときに、答えに、ほら、リンゴってあるんじゃない、もう一月ごろになってましたけれど、まだリンゴが出回ってて、今じゃ冷凍を解かしたのが店頭に並んでいますね。「リンゴ、ぽとんと落ちるじゃない？　どうして落ちると思う？」って。私の友達が幼稚園の先生でいるんです。その幼稚園の先生が、子どもたちがおもしろいことを言うと、それをメモしておいて、あとでミーティングのときに、保育士さんたちに発表してもらって、「わあ、かわいい、わあ」なんて言って、なごやかに終わる。そういう話、聞いたときにやっぱり、そのリンゴの話やったとき、ある女の子が、「リンゴが落ちるのは、もう一生懸命掴まっているんです。でも、自分も重くなっているし、手が痛くなって放しちゃって、落ちるんだ」。「わあ、それ頂戴」なんて言って、ちょっとまだ使えないでいるんです。

そういうあたしは、ただ見ても、落ちた、もったいない、まだ青いのにっていうふうな感覚しかないけどね、その子はそういうふうに考える。小学二年生もそういうふうに考えてもらえないかなあなんて思ってんだけど、顔色変えないしね。

やっぱり科学思考でしょう。だから、それをどんどん、どんどんやってってって、立派な科学者になってくれるといいと思うんです。日本もなかなか数学が盛んで、子どもの算数って、日本はわりと優秀なんですって。ビルの窓みたいに並んだ数字の計算、さあっとやっちゃうんですって。そんなの考えられないから、へえなんて思っちゃうんです。それでも、その計算なんていうのは、やっぱりリミットあると思うんですよね。あるところまで行くと頭うちになって、みんな背比べになっちゃうんですって。新しい発見がなけりゃ、そっから突き破れないいんですって。新しい発見ったら、ファンタジーじゃないですかね。私はその想像力も不足で、一向にそれができないでいるんです。

たとえば、リンゴが落ちて、「あ、誰が引っ張ったんだろう、あ、地球だって」って言って、引力発見したおじ様がいたでしょう（笑い）、そういうふうになんないかなあと思うんですけどね。それもやっぱり科学して科学して、科学を極めた人が発見するんじゃないかと思うから、あの子に一生懸命やってもらうしかないと、そんなふうに思うんです。その子が世田谷区の小学生でいる間につきあおうと思うと、どんな中学生になるか、そのときまた報告させていただきますけど、楽しみにしてんですよね。

六　無駄が子どもたちの心を育てる

今、うちの文庫では、だいたいお母さんが付き添ってくれるんですよね。危険なことが多いもんですからね。すると、お母さんたちは、子どもたちが遊んでいる間、向こうに固まって井戸端会議、ＰＴＡの話なんかしてらっしゃるんですよね。この方たちになんかやってもらえないかなあ、巻き込もうなんて、一緒に昔話を読む会というのをやったんですよね。

たとえば、一番やさしい「浦島太郎」というのを出してきて、「浦島太郎」を読むと、「往きて復《かえ》る物語」という、ファンタジーの原点みたいな話を、子どもはそのまま受け入れてくれるんですが、大人はそういかないんですよね。「太郎って実際にいた人？」とか、「モデルあるの？」とか、いろいろ言うんです。ああ、そう言えば『万葉集』に、水の江の浦島子というのが出てくる。『日本書紀』の方だったかな。話は浦島なんですけど、村八分になって、村を出ていったという説があるんですよね。でも、心ある大人の人が亀に乗って竜宮へ連れてってもらったって、良いふうに書いてあるんじゃないかと思うしかない。あたし、それしか解決方法知らないんです。

「竜宮って、そんなのあるの？」という質問もあって、それ、昔の人の想像力なんじゃないの？　今だって、「山のあなたの空遠く、幸い住むと人の言う」ってカール・ブッセの詩があるしね。あの虹の向こうに何かいいことあるかもしれないんじゃないですか。そういうふうに思えるでしょう？　あたしは簡単に思えるんですよね、いくら想像力がなくても。

たとえば、蓬萊《ほうらい》っていうのがあって、五千年前に、中国の始皇帝が徐福《じょふく》っていう家来に、「蓬萊に行って、命の薬というのをもらってこい」と言いつけるんです。日本が蓬萊だと思って船出して、着いた所が和歌山県新宮《しんぐう》で、徐福の伝説はあの辺にわりとあるんですよね。稲作を教えたとか、鯨捕りを教えたとか、いろいろあるんです。根拠ないこともないなと思うけど、蓬萊が富士山という話もあります。一説によると、始皇帝がわがままな王様だから、反逆をおこして、女の人二百人、男の人二百人を連れて亡命したという説もあって、ちょっと調べよう、おもしろいと思っているんです。推理小説に出てきたんですが、今、急に思いついたもんだったので、題も作者も忘れたし、あとで必要な方があったら言ってください。

一番困るのは時間の問題で、竜宮に三日いただけと思ったら、帰ってみたらお父さんもお母さんも亡くなっているし、村の人もほとんどいなくて、周りが全部変わっていて、三百年経ったって、その謎を思うんですけどね、そんなのは私に聞かれても、わかんないしね。

それから、いわゆる解説書みたいなのがいっぱいあるでしょう。石井先生の『桃太郎はニートだった！』とか、『日本民話は怖い』とかね、そういったものをお母さんたちが集めてきて。その中に一人横浜の方がいて、その方が「横浜に浦島伝説がある」っていうのを、写真とって紹介してくださったりね。

ある方は、「竜宮というのは天体の星で、それに行くためにはロケットに乗るけれど、亀はロケットだ」って言うんですよね。あれえ、なんてびっくりして、ちょっと飛躍しすぎたななんて思ったけど、子どもたちはそうでもないんですよね。天体とか、ロケットとかって、そういうものに子どもたちが反応するんです。

小学校のあるクラスで、「こういうことあったのよ、お母さんたちがこう言ったのよ」と言ったら、クラスの感想が全部天体、ロケットなんですよね。今の子どもたちに向かうのに、そういう感覚みたいなものが、私たちいるのかなと、そういうのを無視してやってっていいのかなっていうような問題を持っているんです。

ほんとうに子どもというのは敏感でね。たとえばお遊びなんかして、誰が、どこで、何をしたっていうゲームのときも、なんとか星人とかね、そういうのもいっぱい出てくるのよね。それで、今の子はそういうのに夢を感じたり、ファンタジーみたいなものを感じたりするんだなって思いついたんです。

時代感覚のない私たちがついてるから、子どもたちがあんまり来なくなっちゃったんじゃないかなという反省もあるんです。だいたい五、六年になると、来ないですよね、時間的に無理。でも、たとえ学校休んでも、おもしろければ来ると思うんですよね。つまり、おもしろくないっていうことだと思って、落ち込んでいるんですけれど、何か子どもたちの読書に心を持っていく方法ないかなと思っています。

昨日も、広瀬恒子《ひろせつねこ》さんが、「すべての子どもたちに読書の喜びを」っておっしゃったとき、ああ、私たちも最初そう思って始めたのになあなんて。だんだんこっちが落ち込んでくるんで、それがやっぱり響くのかなと思ったりしております。お話にメッセージを込めて、子どもたちに手渡したいと思う。でも大人たちは、「その話のテーマはなに?」「メッセージはなんなの?」なんて言われると、ちょっとたじろいじゃうんです。

たとえばリンゴ。またリンゴとお思いでしょうけど、リンゴありますよね。その真っ赤なリンゴをむいて、切って、「どうぞどうぞ」、「いただきます」。さくってした食感、あのジューシーな匂いとか、あの味、あの歯触り、あの満足感は、リンゴそのものを食べないと出てこないですよね。

でも、私たち大人は、「リンゴの中身はビタミンCがあるから、これ食べると風邪引かないわよ」なんて言って、食べてもらおうとするんだけど、あるお母さんは、錠剤のビタミンCを子どもにあげちゃうじゃないですか。そりゃ風邪に効くのかなとは思いますけれど、むしろ、子どもたちに、Cばかりじゃない、ナトリウムもカルシウムもいろいろなものもあるし、無駄なものでも、リンゴ食べたということがお話そのものなんです。

「浦島太郎」はどういう教訓をもっているかとかっていうふうに思わないで、そのまんま受け取ってくれる小さい子どもたちの受け取り方っていうのが正しいんじゃないかなって、今、思っているんです。だから、私たちも無駄をあげよう、無駄がこの子たちの心を育ててんだというふうに思っているんです(拍手)。

語り

山形県新庄市の昔話

渡部豊子

山形県の新庄市から来ました渡部豊子と言います。どうぞよろしくお願いします。こんなすばらしい所で、昔話語《かだ》れるなんて、わたしはほんとうに幸せ者です。石井先生とみなさんに、ほんとに感謝です。

昔話語《かだ》ってくれだ祖母は、大人になってがら、人様に後ろ指指されるごどのないように、それがら、ちゃんと、三度三度のお飯《まま》食っていげるオナゴ（女）になってほしいって願って、ただせっせせっせど昔話語《かだ》って聞かせでくれだのだべなって。孫がな、こんなすばらしい所で、人を前にして昔語《かだ》るのなんて、なんぼがお墓の下で、祖母がびっくりしているんでねべがって、ときどき思うなおんす。

一「笠地蔵」

んだら、「笠地蔵」の、新庄バージョン語《かだ》ってみますな。

むがあしむがし、あったけど。

あっとさな、爺様《じさま》ど婆様《ばさま》いだっけど。あした正月だって、なあんにも正月するものねっけど。ほうすっと、婆様《ばさま》まだ、

「爺さ爺さ、焚き物でも町《まづ》さ背負《しょ》ってって、正月する物、何が買ってきてくったらええんねがやあ（買ってきてくれたらいいのになあ）」

って言《ゆ》ったれば、爺様《じさま》まだ、

「んだな、婆んば、ほんでや（それでは）行ってくっか」

って、出だしたっけど。焚き物背負《しょ》って、家がら出るどぎ、雨っこ降ってきたっけどわ。ほして、ずっと歩いで行ったらば、今度は雨さ雪混ざってきては、雨雪《あまゆぎ》ぼだぼだぼだって降ってきたっけど。ほっと、爺様《じさま》、

「ああ、寒《さ》みちゃなあ」

って言《ゆ》いながら行ったべちゃなあ。

ほしたれば、六地蔵様《ろぐじんぞさま》、頭《あだま》がらだらだらだらだらど

濡れで、雪《ゆぎ》ほれ被ってだっけど。ほうすっと爺様《じさま》まだ、

「なあんだって地蔵様《じんぞうさま》、むぞせ（かわいそうな）ごどなあ、濡れったがわ」

って、

「待で待で」

って言《ゆ》って、町《まづ》さ行ったけど。

ほすっと町《まづ》さ行ぐど、

「木ぃ、木ぃえげすかやあ（木はいりませんかね）、焚き物えげすかあ（焚き物はいりませんかね）」

って、町《まづ》の中、のんぼりくんだり叫んで歩いで、ようやく売れだもんだあげ、わらわらど、荒物屋さ入《へ》っていって、ほして笠買ったけど。ほんでもなあ、なんと焚き物売った銭ど、ほれがらなんぼが足しになるべがあっどんて、小銭っこ持ってきたな、全部、あわへでも（合わせても）、笠五づしか買わんねっけど。ほんでも爺様《じさま》、しかだねなあど思って、ほの笠五づ背負《しょ》って、地蔵様《じんぞうさま》どごまで来たど。

ほしてな、

「地蔵様《じんぞうさま》、地蔵様《じんぞうさま》、なんぼが寒《さ》みがったべなあ」

て言《ゆ》うど、頭《あだま》の雪、べらあっと（全部）ほろってけって（払ってやって）、一つずんづ笠被へでいったど。んだって、六体《ろくでい》あんのさ、五づしか買わんねがったもんださげ、爺様《じさま》、なんたごどしたらえべなあ（どのようにしたらいいだろうな）って、しばあらぐ考えたっけども、わあ（自分）の褌《ふんどし》はずして（笑い）、

「地蔵様《じんぞうさま》、地蔵様《じんぞうさま》、おれ被ってだ、だらだらってすった手ぬげぇより（濡れている手拭より）、こっちの方、あったこくていいんだぁげなあ」

って言《ゆ》って、ほっかぶりさせで、家《え》さ帰《け》ってきたっけど。

ほうして、

「婆んば婆んば、実はなあ、こうこうこういうわげで、地蔵様《じんぞうさま》さ笠被せできたぜわ。んでも、一づ足んねえもんだあげ、褌被せできた」

って言《ゆ》ったれば、

「なえんだって（なんだって）、ほういうごどして（そんなことをして）、罰かぶんねがやあ（罰当たらないか）」

って言《ゆ》ったれば、

「んだだって、被せできたもんだあ、仕方ねんだげわ」

って言《ゆ》っけど。婆様《ばさま》まだ、

「ほだでば、なんじゅもしようねえ（どうにも仕方がない）、ある物食って、湯でも飲んで寝っぺわなあ」

って言《ゆ》って、二人で寝だっけど。

ほうしたでばな、表《おもて》がやがやがやっていう、何が音するもんだぁげて、爺様《じさま》眼覚ましたけど。

「婆んば婆んば、何が物音《ものおど》するんねがや」

って言《ゆ》ったでば、婆様《ばさま》、

「音《おど》なのすっかや」

って、寝でで言《ゆ》っけど。黙ったでば、

編み笠買って　被せだ
爺様《じさま》のお宿はどごだべな
婆様《ばさま》のお宿はどごだべな
　よぉやさの

っていう音聞けっけど。

「婆んば婆んば、なえんだって（どういうわけか）、おれ家《え》の方さ何が音聞けでくってあ」

って言《ゆ》ったれば、

「んだでば（それならば）、ほら、こごの隙間《すぎま》がら見でみろ」

って言《ゆ》ったど。爺様《じさま》、隙間《すぎま》がら、こうして見だれば、褌被った地蔵様《じんぞうさま》先達なって、

　よぉやさあの
編み笠買って、被せだ
爺様《じさま》のお宿はどごだべな
婆様《ばさま》のお宿はどごだべな
　よぉやさあの

って言《ゆ》うなだっけど。

「婆んば婆んば、なんと褌被った地蔵様《じんぞうさま》先達なって、おれ家《え》の方さ来る」

って言《ゆ》ったでば、婆様《ばさま》、

「さあささ、ほりゃほりゃほりゃ、んださげ、おれ罰被るて言ったべ。やあやあや」

って言《ゆ》うど、蒲団被ってしまったけど。

　ほのうづ、

「ああ、ここだここだ」

って言《ゆ》うど、どすん、じゃらじゃらじゃらあと音すっけど。ほうすっと爺様《じさま》まだ、おそるおそる戸の口さ出ていってみだど。ほうしたでば、銭がら米がら、でっつらおがってで（たくさん置いてあって）、地蔵様達《じんぞうさまだづ》帰《け》っていぐどごだっけど。

　ほうすっと、

「婆んば婆んば、起ぎでこいちゃ。ほれ、早ぐ来てみろ」

って呼ばって、婆様《ばさま》もたまげだんだすわな。ほうすっと、二人すて、地蔵様達《じんぞうさまだづ》さ、手合わせで、深ぁ深ど頭《あだま》下げだっけど。ほうしたらええ正月なったべし、爺様《じさま》ど婆様《ばさま》、楽ぅ楽ど暮らしたっけど。

　どんべ、すかんこ、ねっけど。


　んだらな、「三枚のお札」、語らせていただきます。

二　「三枚のお札」

　むがあしむがし、あったけど。

むがし、萩野《はぎの》のお寺で、小僧《こぞ》っこ置いたっけど。この小僧《こぞ》っこどご、和尚《おっ》さん毎日、お庭の草むしりさ

しぇだり、板《いだ》の間拭《まふ》きさしぇだりしてんなだっけど。

ほっと、小僧《こぞ》っこも毎日ほういうごどばりやんだもんだあげ（そんなことばかりでは嫌なものだから）、お天気《てんき》のいい日、

「和尚《おっ》さあん、おら、蕨採《わらびと》り行ってきてや」

て言《ゆ》ったど。そしたでば和尚《おっ》さん、

「ほんたもの採ってこねだっていい。黙ってお庭の掃除でもしてろ」

って言《ゆ》うっけど。

「んだって、和尚《おっ》さん、蕨だって漬けでおがねど、冬にこまんべであ（困るだろう）」

って言《ゆ》ったど。

　ほっと、あんまり小僧《こぞ》っこ言《ゆ》うんだあげ、

「ほんでや、行ってくんだな」

って、和尚《おっ》さん言《ゆ》うっけど。

「んでもな、小僧《こぞ》、何あるがわがんねさげ、このお札くってやっさげて（呉れてやるので）、困ったどぎ、このお札さ頼むんだでやな」

って言《ゆ》うっけど。

　ほして、

「うん」

って言《ゆ》ったら、

「ほれがら、もう一づ、山さ行ったどぎにや、峰越えんなよ。峰越えっと、おわ（自分）がどごにいるがわがんねぇぐなっさげな」

って言《ゆ》ったけど。ほすっと、小僧《こぞ》っこ、ほれ、仕事すっこどねえさげ（することがないから）、喜んでハゲゴ（野菜や山菜などを入れるもの）背負《しょ》って山さ行ったど。

　ほうして、ほれ蕨採るかじゅしたって（蕨を採ろうとしても）、行ったどご行ったどご、誰が先なって採ったもんだが、さっぱり出でねっけど。ほっと、和尚《おっ》さんさ、行《ん》がへでけろ（行かせてくれ）、行《ん》がへでけろって言《ゆ》ったもんだぁげ、小僧《こぞ》っこ、なじぇがして採ってんがねんね（なんとかして採っていかねばならない）ど思って、らんき（真剣）になったけども、さっぱり出ったどごさ、行きあだらながったど。ほすっと、

「早く帰《け》ってこいって言われったし、そろそろ行《ん》がねばねなあ」

って言《ゆ》って、道《みち》さ出るべど思って藪《やぶ》っこさ入《へ》っていったでば、なんと出ったどごさ行きあだったけど。ほっと、でっつら採るべ（たくさん採ろう）どって、一所懸命蕨採りしたでば、晩方になってしまったけど。

　ほうすっと、今度ぁ、気ぃついでみだれば、おわ（自分）がいだどご、どごだがわがんねぐなってだっけど。そうすっと、小僧《こぞ》ぁ、蕨どごろでねえは、どげして（どうやって）、ほれお寺さ帰《け》っていったええがど思って、あっちゃわんめだり（叫んだり）、こっちゃわ

んめだりしているうぢ、真っ暗なってしまったど。困ったちゃ、困ったちゃっていでっとぎ、向ごうの方さ、ぽつらっていう灯《あがし》っこ見えっけど。ああ、あそごさ行って今夜泊めでもらうべど思って、灯《あが》りめがげで行ったど。ほして、

「はいっとう（ごめんください）、はいっとう」

って言《ゆ》ったれば、

「ああ」

って言《ゆ》って、白髪《しゃっが》の髪、一づぼっき、縄っこで結った婆様《ばさま》出はって来たっけど。ほして、

「道《みち》さ迷ってしまったわ。蕨採り来て、どごだがわがんねぐなったさげ、今晩、一晩泊めでくだせや」

って言《ゆ》ったれば、

「ああ、泊まれ泊まれ」

「ほれ、入《へ》れ入《へ》れ」

って言《ゆ》って、中《なが》さ入《へ》ったっけど。

「ほんでもなあ、おめぁ、どごのもんだ」

って言《ゆ》うっけど。

「おら、萩野のお寺の小僧《こぞう》だあ」

って、

「ほっかほっか、んだでば（それなら）、飯《まま》食ったがやあ」

「食《か》ねえ」

て言《ゆ》ったば、この婆様《ばさま》飯《まま》は食せるやら、何だかにだと出して食《か》せっけど。そうすっと、小僧《こぞ》っこぁ、腹もくちぐ（一杯に）なったべし、囲炉裏《ゆりり》の火で暖《あった》こぐなったもんだあげ、囲炉裏《ゆりり》のね（側）さ、ころんと寝でしまったど。ほしたでば、婆様《ばさま》、着物がなんか持ってきて、かけでくったっけど。ほっと、小僧《こぞ》、ほのまま寝でしまったべであ。


　ほうして、何が、ごぉっつごっつ、ごぉっつごっつって音で、眼《まなぐ》覚めだっけど。あらあ、なあにの音だべど、ほしてはって行って、音のする方、隙間《すぎま》がら、こうして見だでば、なんと、ほの婆様《ばさま》、口でば耳までさげで、ざんばら白髪頭《しゃっがあだま》振り乱して、包丁《ほえぢょ》とぎすったけど。

「いやいやいや、んめそうだ（おいしそうな）小僧《こぞ》入《へ》ってきた。さっきだ、んめえものも食《か》しぇだ。こりゃ、なんぼがんめえんだが、うっふふふふ」

笑うっけど。ほっと、小僧《こぞ》、おっかねくておっかねくては、今度ぁ、逃げっぺど思って、かたっと音たてでだど。そしたでば、婆様《ばさま》、

「小僧《こぞ》、逃げんなんねべ（逃げるのか）」

「んねんね、おらばっぱ（糞）出でくて、ヘンツ（便所）さ行ぐなだ」

って言《ゆ》ったれば、

「そんたどごさ、んがねだっていい（行かなくてもいい）、囲炉裏《ゆりり》さたれ」

って言《ゆ》うっけど。

「火神様さ、罰あだっから、たらんねえ」

「んだら、庭さたれ」

「庭さたるも、ヘンツさたるもおんなじだべや」

って言《ゆ》ったれば、

「だめだ、逃げっとえぐね。んだごったら、腰っこさ細引きつけでやる」

って言《ゆ》って、小僧《こぞ》の腹ば縄で縛って、

「ほりゃ行ってこい」

って言《ゆ》うっけど。

　ほっと、小僧《こぞ》、ヘンツの中さしゃがまったけぁ、困ったわ、

「ああ、和尚《おっ》さんから貰ったお札あるはんだ」

って言《ゆ》うと、今度ぁ、懐からお札出して、柱《はっしゃ》さお札をふつげっと、

「鬼婆《おにばんば》、『出だがあ』って言《ゆ》ったら、『まだ出まへん』って言ってけろな。頼むぞ」

って言《ゆ》って、だんだんど逃げだど。

　ほうすっと、今度、鬼婆《おにばんば》、こっちがら、

「小僧《こぞ》、小僧《こぞ》、出だがあ」

って、つっつっ縄ひっぱっと、

「まだ出まへん」

って言《ゆ》うど。まだひとえおいで、

「小僧《こぞ》、小僧《こぞ》、出だがあ」

「まだ出まへん」

　まだ、しばらぐして、

「小僧《こぞ》、いづまでもしゃがまっていねで出はってこい」

って、ぐえっと縄ひっぱったら、小僧《こぞ》でねぐ柱《はっしゃ》抜げできたっけど。

「この野郎っこ逃げだな」

って言《ゆ》うずど、今度ぁ、鬼婆《おにばんば》、追《ぼ》ってきたっけど。

ほっと、小僧《こぞ》、逃げで逃げで逃げだげんとも、鬼婆《おにばんば》だもの、飛ぶようにして追《ぼ》ってくっぺでや。ほうすっと、もう少しでしめられるていうどぎ、懐からお札出して、

「砂山出ろぉ、砂山出ろぉ」

って言《ゆ》ったでば、大《おっ》きい砂山出だっけど。ほっと、今度、小僧《こぞ》逃げだべし、鬼婆《おにばんば》、ざあっく、ざあっくざざざざあ、ざっくもっく、ざざざざあって滑っけども、鬼婆《おにばんば》だもの、なんなく乗り越えで、

「待でえ小僧《こぞう》、小僧《こぞう》待でえ」

って、追《ぼ》ってきたっけど。もう少しで肩つかまるっていうどぎ、

「大川出ろぉ」

って、まだお札投げだど。さあ、大《おっ》きい川出はったっけあ、鬼婆《おにばんば》、じゃぶじゃぶざざざあ、じゃぶじゃぶって、川こいで、らんき（真剣）になって川こぎ

すっけども、小僧《こぞ》、だんだんどお寺さ行って、

「和尚《おっ》さあん、助けてけろ。和尚《おっ》さあん、和尚《おっ》さあん」

って。和尚《おっ》さん、

「何だどごだ」

小僧《こぞ》騒いで、

「鬼婆《おにばんば》で食《か》れるはあ。鬼婆《おにばんば》追ってくる。和尚《おっ》さあん、和尚《おっ》さあん」

「落ぢ着げ、まず、本堂の方さでも行って隠っていろ」

って言《ゆ》うずど、今度、和尚《おっ》さん、座って、焙烙《ほうろく》で豆炒りはじめだっけど。

ほごさ、鬼婆《おにばんば》来たっけど。

「坊主、小僧《こぞ》来たはんだ（小僧が来たはずだ）」

「小僧《こぞ》？」

って言《ゆ》ったら、

「出せ、ここさ来たな覚《お》べったなだ」

って言《ゆ》ったら、和尚《おっ》さん、

「婆《ばんば》、婆《ばんば》、ほんげだれくされなってだな（そんなずぶ濡れになって）、ほごで騒いでねったたっていんだあげ、まず、あだれ、着るものでも干せ、ほれ」

って言《ゆ》ったど。婆《ばんば》濡れでやばつもんだあげ（びしょびしょして気持ちが悪いので）、今度、囲炉裏《ゆりり》のどごさ来たべ。そしたら、和尚《おっ》さん、何なぐ豆炒りして、

「ところで婆《ばんば》、鬼婆《おにばんば》じゅもの、何さでも化げれるって言うども、大オナゴ（大きな女）になれるもんだがや」

って言《ゆ》ったれば、

「ほんたもの、じょうさねごんだ（簡単なことだ）」

って言《ゆ》うっけど。

「んだら、おれちゃ見せでみろちゃ」

って言《ゆ》ったでば、なにが呪いごど言ってだっけ、大オナゴなったけど。

「いややや、てえしたもんだ、てえしたもんだ。んだでばよ、おれ豆炒りしったども、豆っこぐれえ、ちゃっこぐ（小さく）なれるもんだがやあ」

って言《ゆ》ったでば、だんだんだんだんと、今度ちゃっこぐなって、あで木ぶぢ（囲炉裏の縁）さ、こんげえ、ちゃっこい豆っこなって、ころらっとなったけど。

ほっと、和尚《おっ》さん、

「ほらっ」

てつかんで、ぱっと火の中《なが》さ投げこんだっけど。

「小僧《こぞ》、小僧《こぞ》、こりゃ、出で来い。んだげな、ひと行ぐな（出かけるな）って言ったどぎじゃ、行《ん》がねもんだ。すんなって言わったごどもさんねもんだす、わがったべ」

って和尚《おっ》さんが言《ゆ》わったたっけど。

どんべ、すかんこ、ねっけど。

ありがとうございました（拍手）。

講演

童話のふるさと

あまんきみこ

聞き手　石井正己

一　子育ての中で子どもの自分に出会う

石井　あまんさんについて、もう改めてご紹介する必要もないと思いますので、このまま入っていきます。今の新庄の昔話はいかがでしたか。

あまん　おもしろかったですね。本場の言葉でお話をしてもらうと、なにか味が違う。なんでしょう、これは。やはりその土地の言葉が、やっぱり大きな力になるんでしょう。「三枚のお札」は、もちろん小さいころからずっと聞きましたけれども、臨場感があってこわかった（笑い）。豆っこになって、私は食べるのかと思った（笑い）。いろいろなかたちがあるんでしょうね。前に石井先生が、語りの中には自由な場所があると書いておられたので、ああ、ここが自由な場所なんだというふうに思いました。ありがたいですね。

石井　自由な場所と言ったのは、私ではなくて柳田国男で、自由部分と呼びました。場合によっては昔話の骨格を崩したりしかねるけれども、語り部の個性が生かされる。おそらく生きた語りというのは、型どおりに口移しで語るのではなくて、そういうところにあるのかなと思います。

あまんさんの童話の中では、『車のいろは空のいろ』の松井五郎さんが小さくなったりするという、あの場面も浮かびますが、いかがですか。

あまん　私が生きてきた道すじのどこかで、そういう世界を、ご先祖様からもらったのでしょうね。

石井　あまんさんの中にも、あるということですね。

あまん　はい、そうですね。

石井　今日の「三枚のお札」も、松井五郎さんの話も、小さくなるのはよく似ていると感じました。

あまん　そういうふうには気がつきませんでした。

石井　あまんさんの世界は、私などは素人ですけれども、ファンタジー童話とか、メルヘン童話とか呼ばれてよく知られています。これからのお話にも出てくると思いますが、現実世界なのか非現実世界なのか、人間なのか動物なのか、境界が曖昧です。あれっという間に不思議な世界に導かれて、ふんわかとした中に吸い込まれてしてしまうようなところがあります。ああいう世界というのは、幼いときから抱えていらっしゃったのですか。

あまん　子どものときは、みんなそういう世界を、それぞれの場所で持っているんじゃないですか。

石井　それは、先ほどの科学のお話でも、同じですね。

あまん　「お地蔵さんがどうして歩くの」と言われたら、私も困ると思います（笑い）。子どもは、お地蔵さんが歩くはずはない、石が動くはずはないと理屈で思う時期もあるでしょう。それからまた、石のお地蔵さんが歩いてくることをおもしろいなあ、すごいなあ、信じたっていいんじゃないと考える時期もあるんじゃないかなと思います。

石井　昔話の伝統というのもそうかもしれません。子どもたちが昔話の世界にたっぷり浸っていて、その後、お父さんお母さんになり、さらにお祖父さんお祖母さんになって、今度は昔話を聞かせる側になりますね。人生は途中で終わっちゃうんじゃなくて、そういうふうに循環するところがありますね。

あまん　あります、ほんとに。今、石井先生がおっしゃったように、子育てをするときには、もう一回、子ども時代の自分にも会うし、私は母が早く死んだので、母親が自分を育てていた思いに出会う、うれしい時期でもあったんです。

それは学校の先生でも、教壇に立ったときに、教師として生徒を見る時間と、ひょっとしたらあそこの机のだれも座っていないところに、子ども時代の自分が座ってるんじゃないかなと、その目線で現在の自分を見ることができるのではないでしょうか。

母親や父親は、子育てをしながら自分が育てられている。子どもの場所に自分がいて、その目でみまわし、また若かった親の思いを感じる…、私はそのように亡き母と語りあいながら年を重ねました。

二　母が本を読む声が後ろから聞こえる

石井　これは作品の世界にもつながっていくんですね。今度できた『昔話を愛する人々へ』という本の巻頭に、あまんさんが「思い出すままに」という文章を書いてくださいました。その中にもお母さまの思い出が出てきますね。

あまん　はい、寝物語でわりにお話をしてもらっているんですね。でも、絵本も読んでもらうときは、膝に座る。昔は椅子でなくて座布団ですから、正座した母の膝に腰掛けて絵本を広げますね。すると母は私の後ろになります。私は母の手と重ねて絵本を持ち、ただお話の絵を見ていたと思います。
　復刻版の『かぐや姫』が講談社から出たとき、とても懐かしく嬉しく読んでいると、ふいに、母の声が後ろから聞こえてきたように感じたんですね。母が後ろからお話を読むと、息がちょうど幼い私の耳の端《は》に当たる。その母の息づかいと声が深く体の芯《しん》から蘇ってきました。何十年も過ぎて、自分の体の中に四つか五つぐらいのときの世界がよみがえってくる…。なんとありがたいことなんだろうと、しみじみと思いましたね。
　私がその経験をしただいぶ後に、眼科医さんに通っていた時期があって、その待合室で一人のお母さんが『おむすびころりん』を小さいお子さんに読んでやっておられるのを聞いていたときに、あの子も、『おむすびころりん』のお母さんの声が、耳の端の後ろから蘇る時期があるんじゃないかなあと思いました。
石井　実は、あまんさんに巻頭をお願いすることになったのは、『母のひろば』という童心社のPR誌があって、それにお書きになった「うしろからの声」で、お母さまが本を読む声を背中越しに聞いていたということをお書きになったので、あ、これだと思ったわけです。私は昔のイクメンで（笑い）、今、二四歳になる娘を一人育てましたけれども、絵本を読むときには、膝に娘を乗せて本を読んだ思い出があるのです。娘はどう聞いたかわかりませんし、「パパは先に寝てしまった」と言われるだけで、へたな読み聞かせだったのではないかなと思いますが…。
あまん　うまい、へたは全然関係ないと思います。
石井　父親としての経験でも、二人で同じ絵本を見ながら、後ろから読み聞かせるというのは、とてもよくわかります。それで、お電話で、「そのことなど書いてください」とお願いしたのです。昔話にかぎらず、絵本というものはお母さんやお父さんと一緒になる機会を作りますね。息づかいを感じるというのは、とても大事な親子関係ですよね。お母さんの両手に、小さな手が重ねられて聞き入っていると書かれています、

あまん そう思います。母の姿は見えませんが、手と一緒に思い出すんですね。それはほんとに不思議な感覚でした。たぶん、あの時までは、私は後ろから読む声というものを、それほど意識してなかったと思いますので、その復刻版を読んだときに初めて、ああ、私、後ろから読んでもらっていた、前から読まれるのも嬉しいけれど、後ろから読まれるのもいいなって思いました。ですから、保育園の先生でも幼稚園の先生でも、たまに膝に乗っけて順ぐりに読んでやるというのも、案外いいかなとか、そんなことをちらりと思います。

石井 読み聞かせや語り聞かせに関わっている方はたくさんいて、大勢を相手にするときと、一人二人を相手にするときとでは、明らかに息づかいが違うのでしょうね。紙芝居は大勢を相手にする便利な道具ですけれど、絵本はどうも大勢を相手にするのには便利な道具ではなさそうな気がしますね。

あまん やっぱり小さいときは文字は読まないで、文字は耳で聞きながら、絵を見ているんですね。それが幼いときの、絵本の醍醐味かもしれません。字と一緒というよりは、それは幼い幸せっていう気がします。

石井 親は子どもに早く平仮名や片仮名を覚えさせたいとあせりますけれど、あせる必要はないんですね。

あまん ええそうですね…。

三　好きな昔話と嫌いな昔話

石井　そういう絵本の中で、今、『かぐや姫』のお話がありましたけれども、「浦島太郎」「一寸法師」「鼠の嫁入り」などは好きだけれども、「瘤取り」「猿蟹合戦」「カチカチ山」は嫌いだということですね。

あまん　ええ、だって、「瘤取り爺さん」はひどいでしょう。隣のお爺さんの瘤が二つになるんですよ。それが子ども心にとっても気になったんです。自分の嫌な瘤をつけられた隣のお爺さんに会ったらどうするんだろうとか（笑い）。

子どもって、お話を自分に引き寄せることがありますね。いいお爺さんって書いてあるけれど、何もいいことは書いてなくて、踊りが上手で、思わず踊り出すというのは、勇気があると言えば勇気があるのかもしれないのですけれど、私は自分のことを踊りは上手じゃないし、臆病だと思っていましたので、自分が木のうろにいたら、絶対鬼のところに出て行かれないし、もし引っ張り出されたら踊りも下手だし、どうしようと悩みましたね（笑い）。

石井　どちらかというと瘤をつけられてしまう方でしたか。

あまん　ええ、そうでしょうね。そうして戦後、一九五〇年ぐらいかしら、作者は覚えていませんが、瘤が二つついた、確か太郎という名前の主人公のおもしろい小説が書かれていて、やっぱり瘤のことが気になる人がいるんだなと思ったことがあります。

また、金子みすゞさんの全集が出て、その詩の中に、鬼に瘤を二つつけられたお爺さんがわいわい泣き、二人のお爺さんが山の鬼の所に一緒に行って、もとどおり一つずつになって帰ったという童謡があるんですね。おおと嬉しくなりましたね。私は子どものころ、気になるとお話のつづきを書くという変な癖があったもので、鬼の所に二人で行って、一つずつにしてもらう話なんか考えたことを思い出しました。ですから、そんな時、金子みすゞさんのこの童謡を読んでいたらうれしかったろうなあって思いました。たぶんみなさん方も、子どものころ気になった人がいるんじゃないですか。先生いかがですか。

石井　私は小さいとき、昔話にあまり接してこなかったので、その負い目もあって、今あわてて勉強しているのですけれども（笑い）、昔話の研究では、隣の爺型というのは、人まねをするとひどい目にあうとか、そういうパターンで教訓化されているのだと理解しますので、昔話から引き出す感性が違うんでしょうね。しかし、今のお話うかがってると、あまんさんのように、瘤をつけられる弱い人の側に立って考えてみると、ひどい話だということになるんですね。やはり昔話のあり方を一義的に考えてはいけないと、改めて思いました。

あまん　それから、「猿蟹合戦」が一番嫌だったのは、蟹がつぶされるところで、そこになると、小さい私は大声でいつも泣いてました。というように、お話はこれが好き、これが嫌いというのがあって、それは、そのお話がいいお話とか、悪いお話というのとは全然関係ないんですね。

石井　「カチカチ山」はどうですか。

あまん　背中の火、嫌でしょう、やっぱり。でも、「カチカチ山」は狸がお婆さんにひどいことをしますけれど、どうして兎はあんなことをするのでしょう…。なんだかどうもよくわからなくなって…、ごめんなさい。

石井　昔話の思想として、たとえば「鶴の恩返し」のように、恩を受けたり、助けてもらったりしたならば、それはお返ししなければいけないということがあります。一方、「猿蟹合戦」「カチカチ山」は、どちらかというと敵討ちで、親蟹やお婆さんが殺されたならば、その敵を討たなければいけないというようなことになる。ある意味で、この点は大きな対称性を持っています。

この間、テレビで、明治になってからの最後の敵討ちを題材にした「遺恨あり」というドラマが放映されました。心の葛藤があって、そうだなと思いますけれど、近代の法社会では、殺されても殺してはいけない、法で裁かなければいけないというのがルールです。しかし、昔話の中にあるルールというのは、そうではありません。そのために、昔話には人間の中にある、やみがたい感情をすくい取ってしまうところがあるように感じるのです。

あまん　石井先生が書いておられるのを読んでいたときに、昔話というのはお話の世界じゃなくて、現代の社会にもたくさんそういうバリエーションがあるんじゃないかということを指摘されていて、私、初めてはっと気がついたんです。たとえば、とても残酷な話があったときに、もう考えられない、そんなことは想像もできない、なんかかつてない事件というふうに、どこか思っていた部分があって、それを石井先生の書かれたものでは、昔話の中では、「瓜子姫」とか、非常に怖いものの中に、現代の事件だってあるんですと、それが人間の持つ性《さが》の中の一筋の糸で、その糸みたいなものがどういうふうにその人自身の人生にかかっているか、それはそれぞれだと思うけれど、昔話の世界は向こう側にあるんじゃないということを教えていただきました。

石井　最初にお話ししたこととの関連で言えば、ＧＨＱの検閲では、坪田譲治《つぼたじょうじ》さんの昔話のうち、「古屋のもり」「金剛院と狐」「牛方と山姥」の三話は、「かたき討ち」が部分的に削除されています。ですから、戦後の価値観の中でも、連合国軍の指導の中で敵討ちはいけないということが徹底されるのです。

あまん　特に連合軍は敵討ちされたら困るでしょうし（笑い）。

石井　そういうところで検閲が入ってくるのだなとわかりました。私たちは戦後民主主義の大義名分の中で価値観が作られているのだということを思います。そうしたことから言えば、昔話の中にある考え方というのはすっかり古くなって、新しい心で生きるには役に立たないということもできます。しかし、私たちの中にひそんでいる、現代の道徳観と反するようなもう一人の自分との対話が、昔話ならばできるのではないかと思っているんです。

四　祖母から聞いた鵜戸神宮の竜の話

石井　ちょっと話を変えてみますと、お祖母さまから聞いたお話はどんなものでしたか。

あまん　そうですねえ。どの話も、途中は妙に覚えているけれど、物語として話せない思いがいたします。でも、一つだけ忘れられない話があります。宮崎の鵜戸《うど》神宮のお話なんです。「見るなの座敷」系で、嵐の日に漁に出た男が助けられ、その女の人と一緒に暮らすようになった…、よくある話ですね。ええ、たいへんきれいないい嫁女です。そして、「赤ちゃんができたので、産屋を建ててください」と言うんですね。

そこで男が産屋を建てると、「七日七夜の間は中を絶対に見てはいけませんよ」と約束をして、嫁女が中に入る。そこで男は約束を守っていたけれど、最後の日に、産屋から、きゃっきゃっという子どもの明るい笑い声がする…、そのかわいい声で、男は笑っているわが子を見たいばかりに約束を破ってしまうんですね。

　節穴から覗くと、座敷いっぱいに竜がとぐろを捲《ま》いていて…、そこで祖母は手を、こういうふうに二つ竜の角の形にして…、ざりざりざりざりと這《は》っている。その角と角との間に裸の赤ちゃんが腰掛けて、うれしそうに笑っている。幼い私はそこがこわくて、でも、角の間のかわいい赤ちゃんが見えて、どきどきどきどきしました。

　その後、正体を見られたために、嫁女が子を置いて去っていくんですけれど、その時に、男のため、子のために乳房を片方切って岩に投げつけて、海の国に帰っていくんですね。その岩から垂れたお乳で、その男の子は育ったという話でした。鵜戸神宮に行くと、「お乳飴」という飴が土産としてあるものですから、私は、ほんとのことの気がしていました。

「見るなの座敷」系の多くは、見るなと言われると、人はかえって見たくなって禁を犯すのですが、祖母の話で、私の心に残ったのは、父親が禁を犯すほど赤ちゃんの笑い声はかわいい、愛らしいということでしたね。

　私が大人になってものを書くようになって、宮崎に行き、そのような資料を探しましたが…、ないんですね。勿論、鵜戸神宮に同じ流れの話は書かれていますが、竜ではなくて、ワニなんです。それで、祖母が子どものころ暮らした町に竜という話があったものやら、祖母が勝手にお話をしてしまったのやら、わからないんですけれど、私にはどうしても、角の上に裸の男の子を腰掛けさせて、お母さん竜がざりざりざりざり這いながら時には首をふり、赤ちゃんがうれしがって笑っているというイメージが残っています。

石井　一九三〇年ですから、今から八〇年も前になりますが、柳田国男は『日本昔話集　上』の「はしがき」で、お家で聞いたお話とこの本に載っているお話が違っていても、別に不思議ではありません、お家のお話を大事にして、どうして違うのか、大きくなったら考えてごらんなさい、と書いています。あまんさんの経験は、子どものときの記憶と大人になってからの疑問はそうだったのだと思いますが、お祖母さまのお話を第一にしていらっしゃるのがうらやましいし、すばらしいですね。

あまん　ありがとうございます。竜の角の間で笑っている赤ちゃんのイメージを捨て去ることができないということで、いいんですね。幼いころにもらった言葉は、誰からもらったとか、こういうときに、こういうふうにもらったとか、すっかり忘れているのに、その言葉を自分の中に大切に持っていることがあると思います。それだけに、子どもの世界にかかわっているということは、私自身、時折こわいと感じています。

五　「きつねのおきゃくさま」誕生と昔話の形式

石井　あまんさんの作品の中に、「きつねのおきゃくさま」というのがあり、二年生の教科書にもとられていますが、昔話を勉強していると、とても気になる作品でもあるのです。なぜかというと、「むかしむかし、あったとさ」で始まって、腹ぺこのきつねが痩せたひよこを自分の家に連れていって、太らせるわけです。次には痩せたあひるが出てきて、あひるも仲間に入って、痩せたうさぎがやってきて、仲間に入ります。最後におおかみが現れて、食べられそうになると、きつねはみんなを守るために、おおかみと戦います。そして、最後は「とっぴんぱらりのぷう」と結ばれています。

あまん　すみません。これは昔話をなさっている方には、ほんとに申し訳ないことをしているのかもしれませんが、実は最初、「むかしむかし、あったとさ」という言葉はありませんでした。きつねが痩せたひよこに出会う、そしてあひるに出会い、うさぎに出会う。そして、おおかみがやってきて、「ひよことあひるとうさぎがいるぞ」って言ったときに、きつねは思わず自分で名乗り出て、「いや、まだいるぞ。きつねがいるぞ」と言って、おおかみと戦うんですね。、おおかみは逃げていくけれども、きつねは死んでしまいます。

他のものたちは、きつねをとってもやさしい、親切な神様みたいなお兄ちゃんっていうふうに言ってるけれど、きつね自身は自分の心の動きを知っています。ですから、ひよこたちを守れてよかったという気持ちと同時に、これまでのいきさつが全てよみがえって、はずかしそうに笑って死ぬわけですね。私は作品を書いていて、自分の身から離れないときがあるんですね。身から離れないと、作品にならないわけです。理由はわかりません。最初は福岡で書きまして、それから何年か後、京都でまた最初から書きはじめました。

その時に、不意にどこからか、「むかしむかし、あったとさ」という言葉がふあーっと浮いてきたんですね。すると、自然にいろんなものがすっと整列したように書き上げていくことができて、そして最後に「とっぴんぱらりのぷう」という言葉が出てきたのです。

さあ、自分で困りました。「とっぴんぱらりのぷう」って何だろうと思ったんです。というのは、もともと昔話は好きですから、本なんかは古本屋さんで見つけたら買ってきたりして読んでいるんですけれど、それほど詳しいわけではなかったので。「とっぴんぱらりのぷう」って、どういうことだろうと思って、はずかしいんですけれど、調べました。そうしたら、昔話のしまい言葉の中に、「とっぴんしゃん」とか、「とっぴんぱらり」とか、いっぱいあって、その中の一つが「とっぴんぱらりのぷう」

だったんですね。

「むかしむかし、あったとさ」というのと、「とっぴんぱらりのぷう」という言葉が、どこから私の中に入っていて出てきたのか、わからないのに、初めの言葉としまい言葉で力をもらったとたんに、作品が私の身から離れた気がしました。だから、昔話を研究なさっている方から見たら、それは僭越なことだったかなと思います。

石井　昔話はみんなの財産ですから、まったくそんなことはありません。昔話の伝統的な形式というのは、初めと終わりの言葉を持っています。作品がその形式を手に入れることによって完成していくというのは、昔話の語りの原点に近づいていこうとされたのかもしれません。あまんさんの中にいつの間にか埋め込まれていった昔話の情報が、すっと作品に現れたというのは、とても興味深いことです。

あまん　そうでしょうか。私にとっては昔語りの言葉で作品が身から離れたという、たった一つの体験です。

石井　昔話の研究をしている方々はよくご存じですが、「とっぴんぱらりのぷう」は、秋田県の昔話によくある終わりの言葉ですので、どうしてここにあるのかなと思ったわけです。

あまん　はずかしいんですけれど、その答えを、私自身出せてないんですね。

石井　でも、この作品が昔話に出会うことによって、一つの世界をもったわけですね。柳田国男には『昔話覚書』という本があるのですが、全国から昔話の初めの言葉と終わりの言葉がどうなっているのかというのを集めています。それまでは巌谷小波《いわやさざなみ》なんかはみな、「昔々」で始まり、「めでたしめでたし」で終わっていたのですが、地方に伝わる話にはそれぞれ特徴のある語りの形式があるんだということを初めて明らかにしたんです。ですから、戦後の昔話集では、そういったことをとても意識してまとめるのですが、そうした影響をどこかで受けているのかなと思いました。
あまん　どこかでいただいて、出てきたんでしょうね。

六　坪田譲治編集『風の又三郎』の再認識

石井　時間がないので、どうしても一つ聞きたいことに移って、今日のお話を収めていきたいと思います。あまんさんは宮沢賢治をすごく愛読していたと言いますが、あまんさんのファンタジーの世界は、宮沢賢治とふっとつながってくるようなことがあります。宮沢賢治体験を教えてくださいますか。
あまん　はい、私が小学校の三年か四年かぐらいに、『風の又三郎』という短編集を買ってもらいまして、私の本棚にありました。いろんな本は買ってもらった子なんですね。というのは、一人っ子でしたし、体が弱かったので、病気ばかりして、外に出られない時間が多かったので、本はわりに自由に買ってもらっていました。
『風の又三郎』の中で、私が子どものとき一番好きだったのは、「セロ弾きのゴーシュ」です。戦争中ですからお人形も粗末で、毛糸の髪の毛の、緑色の服を着たお人形をもらいまして、それにゴーシュという名前をつけて、ゴーシュのために狸や鼠やら、いろいろなものを作って周りに置いたりして、賢治の世界で遊んでいました。
去年、たまたま坪田譲治先生の生誕一二〇周年で、山根知子《やまねともこ》先生から、昭和初期のその『風の又三郎』を見せていただきました。それは坪田先生が編集なさったものでした。坪田先生は昔話を書かれていましたが、宮沢賢治を当時の子どもたちのために選び、手渡してくださったことを改めて知りました。

そして、その『風の又三郎』に、坪田先生が「この本を読んだあなたたちへ」という長いあとがきを書いていらして、その中に、あなたたちは、たとえばありがきのこを見上げて、家だと思うのは本当かとか、本当じゃないかとか、そういうことを思うかもしれないが、いろいろな本当があるのですというように、本当という言葉を何回も書いておられて、私は驚いたんですね。

というのは、私は作品を書くようになって、いつも「本当」ということが気になっていました。子どもって、よく、「それ本当?」って聞くけれど、本当?っていう言葉の中には、事実と真実があるんじゃないかなと思います。そして、岩崎先生のお話で言えば、石が動かないのは事実で、石のお地蔵さんが歩いて来るのは真実じゃないかなと、私はそういうふうに理解をしているんです。

でも、その「本当」という言葉は、坪田先生が宮沢賢治の中で私たちに手渡してくださっていたのではないでしょうか。満州で暮らした体の弱い女の子が、「この本を読んだあなたたちへ」という先生の文章をどのくらい読んだのかわからないけれど…、私が、ありといっしょにきのこを見上げたとか、かにの兄弟が見ている川の流れを知っているとか感じていることは、宮沢賢治から直で、直でと言ったらあつかましいけれど、作品を読んでそういうふうに感じただけでなく、ひょっとしたら、坪田先生の解説を読んで、いっそう深く宮沢賢治を味わったのかなあと考えています。

石井　お約束の一時間になりました。坪田譲治さんが児童文学者として、今日の岩崎京子さんの「子どもたちへのプレゼント」のサンタクロースではありませんけれど、子どもたちに作品を贈る大事な役割を果たしてこられた。あまんさんも、ひょっとしたら宮沢賢治の作品について坪田譲治を介してプレゼントをもらった一人だったかもしれませんね。

今日は「童話のふるさと」というテーマでしたので、ファンタジー童話やメルヘン童話が生まれてくる源泉として、お母さまやお祖母さまのこと、そして宮沢賢治のお話までうかがうことができました。満州時代のことなどは、また機会があればうかがいたいと思いますが、あまんさんが成長なさるときの生活をみなさまとご一緒にお話をうかがえて、たいへん幸せなひとときでした。

あまん　ちゃんとお話しできたのか、心細いのですけれど、ありがとうございました。祖母も喜んでいるし、母も一緒に喜んでくれているような気がします。ほんとうにありがとうございました（拍手）。

【参考文献】

・あまんきみこ『車のいろは空のいろ』ポプラ社、一九六八年。
・あまんきみこぶん、二俣英五郎え『きつねのおきゃくさま』サンリード、一九八四年。
・千葉幹夫文、織田観潮絵『かぐや姫　新・講談社の絵本』講談社、二〇〇一年。
・谷暎子『占領下の児童書検閲』新読書社、二〇〇四年。
・宮沢賢治、解説・坪田譲治『風の又三郎』羽田書店、一九三九年。
・柳田国男『日本昔話集　上』アルス、一九三〇年。
・柳田国男『昔話覚書』三省堂、一九四三年。

総括

語りつぐことの大切さ

小山内富子

一　ロシアの土壌からいただいた話

まず、語りつぐということは、だれに何を語りつぐかっていう内容や方法がありますし、とにかく語る側の背後には、語る人の価値観というものが問題になると思います。今日は、岩崎さんやあまんさんが日本の土壌からいっぱいもらったすばらしいお話をなさったので、私はたまたまちょっとかかわりがあって、ロシアではこういうことこそは語りつぐ、ほんとうに大人のちゃんとした姿勢だという、とても感動した話を三つだけさせていただきたいと思います。だから、これはロシアの土壌からいただいたプレゼントだと思ってください。

私は、女学校のときのクラスでは、慌て者の早とちりで有名でした。自分でもその三分の二ぐらいは認めざるをえないと思っていましたが、そんな昔のことを思い出させるように、偶然先程この会場でその頃の旧友の姿を見かけて、もうびっくりどぎまぎしています。みなさま、どうかそのつもりで私の話を聞いてください。

とにかく、その三つの話と申しますのは、私がロシアに行ったときに聞いた話なんです。一番めの話は、四、五年前に行ったときの話で、おもしろいなと思っていましたけれども、実は去年の秋に、モスクワの日ロ文化交流協会というところから頼まれて、お習字を教えに行ったのです。そのときに、その話のお母さんという人が受講生の一人として来ていらっしゃって、その話でもりあがったんです。

そのお話をする前に、みなさまに一つお願いがあります。これをどういうふうにお思いになるかお聞きして、考え方を聞かせていただきたいと思います。ロシアの話なんですけれどもね、小学校就学前後ぐらいの子どもが、お母さんと連れだってモスクワの町を歩いていました。交差点へ来ましたら、赤信号のときに、その子どもがお母さんに、「お母さん、もし車が一台も走ってきていなかったら、赤信号でも横断歩道を渡っていいの」って聞きました。そしたらみなさまは、その子どもの問いかけに何というお答えをお出しになりますでしょうか。たいていのお母さんだったら、「いけません、車が一台も来ていなくても、規則はちゃんと守らなくてはいけないのよ」って、おっしゃるのではないかと思います。でも、このお母さんの答えは、後ほどお伝えしたいと思います（笑い）。

二　「平和」「希望」という文字を求められる

私はお習字なんて教える資格は何にも持っていないのですが、でも、とにかくその頃、モスクワではちょっとした日本ブームで、日本のお料理とか、お習字の他にも、日本の廃物利用の仕方など、そういうものに関心や興味をお持ちの方があったのです。そこで、文化交流協会では、それでは講習会を開こうということで、私はたまたまそこの会長さんを存じあげているというご縁で、「お習字の書き方を教えてくれ」っていうことでした。「そんなこと出来ない」って言ったんですけれども、「大使館やその協会からも優秀な人をつけるから、ただ書き方を教えるだけでいい」ということでした。

おまけにその講習会が終わったら、私の尊敬するトルストイが生まれたヤースナーヤポリヤーナという所があるんですけれども、その近くに彼女の大きな農園があるんですね。そこで一週間滞在させてくれて、ちょうど収穫の時期でしたけれども、その手伝いをさせてくれるっていうことでしたので、私は百姓仕事が大好きでしたので、それにつられて行きました。

お習字を教える第一日めは、墨のすり方の加減から、筆の持ち方、そんなことから始まって、黒板に大きく平仮名文字を書いて見せるんですけれども、ロシア語っていうのは、アルファベットの二六文字よりちょっと多い、三三文字からなっています。その三三文字に日本の平仮名をあてはめて書きたいということだったのですね。なんで平仮名かというと、平仮名というのは、外国人が見ると、いかにもなよやかに見えて、やさしげで、曲線的で柔軟性がある、そういうことに強くあこがれているんですね。

なんでそんな文字にあこがれるかっていうと、彼らの歴史の中には、「鉄のカーテン」というのはご存じない人もあるかもしれませんけど、私たちは、戦後しばらくの間、ロシアは諸外国とは鉄のカーテンで仕切られていると言われるぐらい、内部のことがわからなかったんです。そういう閉鎖社会に置かれていた時期があったので、その解放感から、そういうものにあこがれるんじゃないかなと、私たちは勝手にそういうお話し合いをしたんです。

絵文字のように見えるらしく、「ね」とか、「ゆ」とか、「や」とかっていう字は、どうしても、下から逆さまに書いたり（笑い）、そういう人もいらっしゃるんです。受講者は三〇何名でしたけど、とにかく、自分の性と名前だけは書けるようになりたいという希望でしたので、繰り返し書き方を、それこそ手を取り教えてあげて、そういう熱意が実を結んで、二日めには、もう自分の名前をちゃんと書けるようになられたんです。

いよいよ最後の日になったら、色紙を持っていらっしゃって、お母さんがたはメモを見せて、申し訳なさそうに、「これを書いてください」っておっしゃるので、それを見ると、「平和」、「希望」、「愛」という、そういう文字が書いてあるんですね。それは前もって用意していらっしゃったようですけど、色紙を持っていない人は、あわてて日本の物を売っている下の売店へ行って買ってきて、「書いてください」っておっしゃるんです。それが、やっぱり「平和」とか、「希望」「友情」とかって、そういう文字が多いんですね。それでもちろん私は、何をさておいても、そういうことこそ大事なことと感激し、喜んで書いてさしあげました。

三　子どもの興味を引き出す話の工夫

そして、いよいよ最後という日には、再びこういう方とお会いする機会は、おそらくないと思いながら、握手をしたり、手を振ったりして、名残惜しく別れたのです。その中の何名かがお残りになって、「下でお茶でも飲みましょう」ということなので、大使館の人と一緒に下りて行ったのです。そうすると、もうお茶どころではなくて、ちゃんとしたディナーが用意してあったんです。「せっかくロシアにいらっしゃったのですから、ロシア料理のおいしいのを味わっていただきたい」っていうふうにして御馳走になったのです。そのおもてなしの仕方というのが、もうほんとうに心がこもっているのです。ヨーロッパが心がこもってないっていうのではないですけれど（笑い）、去年の秋、私は二カ月ぐらいフランスで暮らしたんです。いろいろ親切にしてもらったんですけど、それとまったくもてなしの仕方が違うんですよね。もう日本でも見られないような、一昔前の日本の田舎でもてなされるような、なんとも言えない土の香りがするようなもてなし方でした。

その後の雑談のときに、先ほどお話しした交差点での話がまた出ました。みなさまは、何というお答えをお出しになりましたでしょうか。ロシアのお母さまは、いけませんなんてことは言われませんでしたよ。「渡りたければ渡っていいのよ」、でも、「その代わり、両手を高く上に挙げて渡ってちょうだいね」と付け加えられました。それで子どもが、「あ、わかった。もし車が急に来たときに、わかりやすいようにでしょ」と言ったんですね。しかし、お母さまは、「ううん、違うのよ。ひかれて死んだら、死後硬直っていうのがあるのよね。そのときに血まみれになった洋服を脱がせるのに（笑い）、脱がせやすいように」と、そういうふうにおっしゃったんです。

それはなぜかといいますと、いけませんよって言うと、もう話はそれで終わっちゃうけど、そういうふうに話を持っていくと、子どもは、つられてとんでもないことを聞き出したりするから、子どもの興味の持ち方、関心のあり方、そういうことを引き出せば、子どもが何を思っているかわかるから、そういうことの話を積み重ねて子どもの性格を知ったり、それから、話し合い、コミュニケーションを豊富にしたりするための、一つの工夫だというのです。そして、「そういうことは、親として当然しなければならない努力だ」って聞かされて、日本人の考えと、先の見通しといった点でもだいぶ違うなと感心しながら聞きました。

私は大学図書館で四〇年働いておりましたので、ロシア語の読み書きは仕事上、少しできますけれども、しゃべることはできません。それで大使館の人たちが助けてくださったのですが、でも、目と目で話し合うとか、笑顔で話し合えば、けっこう通じるんですよね。そんな訳で、その人たちとはほんとに別れがたいような気持ちで別れてきました。

四　寄り集まって話すことの大切さ

子どもの教育の仕方なんかいろいろ聞いたんですけど、ロシアっていうのは広くて、どちらかと言えば、荒涼という感じで、友人の農園に行ったときも、一軒の別荘というのは、もう何千坪もあって、地平線までも境がわかんないんですよね。そこでは東南アジアの人たちが農夫として働いていらっしゃったんですけど、あらゆるものを作っているんです。日本の野菜でないものはないっていうくらい、葱《ねぎ》でも大根でも春菊でも何でもあるんです。そのときに、言葉は通じないけど、東南アジアの農夫の人が、トウモロコシをぱっともいでくれて、「食べなさい」ってくれるのです。生のものを食べるのは初めてで、こんなおいしいものがあるかしらと思うくらいおいしいんですよね。西瓜《すいか》でも胡瓜《きゅうり》でも、そういうものがごく自然にあるのですね。

ちょうど三〇年くらい前に、初めてロシアの旅行をしたときは、当時、ロシアに二台しかないというベンツの大型バスで一カ月かかって、ロシアを縦断したんです。そのときの自然のすばらしさというのは、ほんとうに圧巻でした。その当時は、まず食糧難がすごくて、配給制で、葱なども行列して買わなければいけなかったんです。「広々とした野原があるのに、何でこういうところに作らないの」って、私たちが言ったんですよね。そしたら、誰がどこから来て、どこで作って、どこへ持っていくかという流通の問題があるのですね。隣家さえ見えないくらいの距離だし、日本では向こうで作ったら、こっちで消費できるという距離の便利さがありますが、広いロシアは全然違うということが初めてわかりました。

そんなところに人家なんてないんですからね、バスで一日ずっと走って、雨が降ってくると虹がバスの前に立つような、すばらしい景色でした。それでやっと集落が見えてきたかと思うと、村はずれの辻に、女の人たちが五、六人たむろしているんですね、前のテーブルの上にバケツが一つ置いてあって、そこの中にグラジオラスの花が入れてあるんです。それで、「あの人たちは何をしているの」とかと尋ねたら、ガイドさんが、「あれはね、お花を売っているんです」っておっしゃったんです。「たったバケツ一杯の花を、なんで五、六人もかかって売らなきゃいけないの。日本だったら、一人でできる仕事なのにね」って、そういうことをささやいたんですよね。そのころの日本では、効率をあげることが美徳のように言われていましたからね。

でも、そのガイドさんが、「花は売れなくてもいいんです。あの人たちは寄り集まって、話し合いをすることが大事なことなんです。ひきこもっていたら、社会のマイナスです。話し合うことが社会参加の一役を引き受けていることなんです。ロシアの人は、みんな年をとったら年金をもらうんです。一種の公務員だから、公務員は一日のうちに何か社会のために役に立つことをしなければいけない。それでそういう所に集まっておしゃべりをしているっていうことは、やっぱり国のために良いことをしているんだ」ってことに繋がるものなんですね。

それで、私の中では、三〇年後、「交差点では手を挙げて渡ればいいのか」っていう話や、お習字では、「『愛情』とか、『平和』とか、そういう意味の大切さを書いてくれ」とか、そういう話が、私の中では、語りつぐことの大切さという話として一本の線につながっているんですよね。

これは大切なことだと、ずっと思っていたわけではないんですけどね、ここで、この話をすることになって、改めて彼女らの生き方と向き合ってみて、こういう日常茶飯事のことも語りつぐことの大切さではないかと思ったのです。

今日はすばらしい心掛けのロシアのお母さんたちの話をさせていただきました。私は、お習字を習いに来たお母さんたちなのに、色紙を持ってきて、「『平和』、『希望』、『愛』の大切さを書いてくれ」という、その願いに大変感動したんです。それで、最後に私は、それらの言葉が一人でも多くの人の心の中で耕されて、それぞれに実を結んでくれることを、みなさんと一緒に願って、今日のお話を終わりたいと思います（拍手）。

大学における語りのライブ

文学研究は、これまで昔話を研究対象にすることはありませんでした。なぜなら、昔話は民俗学によって確立された概念だからです。作者や成立がはっきりし、文字で書かれたことを前提とする文学に、昔話はなじみにくいところがあります。

しかし、柳田国男が昔話などの総称を「口承文芸」と命名したように、こうした言語行為を「文芸」と呼ぶことは十分に可能です。すでによく知られるように、物語文学や説話文学が、こうした昔話を強く意識して書かれたことは明白です。

今、枯渇して行き場を失ったかに見える文学研究と民俗研究に対して、昔話をはじめとする口承文芸はさわやかな風を吹き込むことができるように感じます。口承文芸は終わった、どころか、むしろ、現代社会においてますます重要な意義を持つと考えられます。

今回は、二〇一一年七月、東京学芸大学の「国語科研究」の授業で、「栃木の昔話」を解説付きで語っていただきました。受講生の多くは、やがて小学校の教壇に立つ学生たちです。学習指導要領の改訂に伴い、神話や昔話が重視される時代を迎え、声の力を実感してもらいたいと願いました。

（石井正己）

語りのライブ

栃木の昔話

語り手・間中一代　解説者・野村敬子

一　昔話が少ないとされた栃木の再評価

石井正己　この授業では新しく教科書に入った「いなばの白うさぎ」に始まり、「桃太郎」や「カチカチ山」を経て、岩崎京子さんの『かさこじぞう』、内田莉沙《りさ》子《こ》さん再話の『おおきなかぶ』、「外国人花嫁たちの民話」まで勉強してきました。教科書や絵本を読んだりする体験もしましたけれども、実際に昔話を聞くことは一度もありませんでした。

今日は、多くの人が昔話を耳で聞くという初めての経験をすることになります。昔話はそれぞれの土地の言葉で語られますから、わかりやすいところ、わかりにくいところ、さまざまあると思いますけれども、今日はその土地の言葉で語ってくださる話を聞いて、後で感想をまとめてほしいと思います。

今、お手元にある資料は野村敬子さんの著した二冊の本からとってきました。一冊は『語りの廻廊』という本です。野村さんは山形県真室川《まむろがわ》の出身で、女性の語る昔話や昔話を語る女性の研究を重ねてきて、近年は外国人花嫁さんの民話も紹介しています。もう一冊は『栃木口語り』という本です。昨年（二〇一〇）の秋に出たばかりで、今日お話しくださる間中一代さんのふるさとの、栃木県栃木市の口語りを紹介しています。栃木市には行ったことのない人が多いかもしれませんが、東北本線に乗って宇都宮に行く途中に小山《おやま》という駅があり、そこから少し北に入った町ですね。その吹上《ふきあげ》という地域のお年寄りから聞いた話をまとめています。たくさんの写真が載っていますが、間中さんの写真もあるので、ここに載せておきました。

これから、野村さんに解説を交えていただきながら、間中さんに昔話を語っていただきます。これまで勉強したことを思い出しながら、よく聞いて、よく考えてみてください。

野村　私は國學院大學栃木短期大學というところに、今年で十年になりますが、講座を持って通っています。

栃木は、日本の中で一番昔話資料が少ない、そして

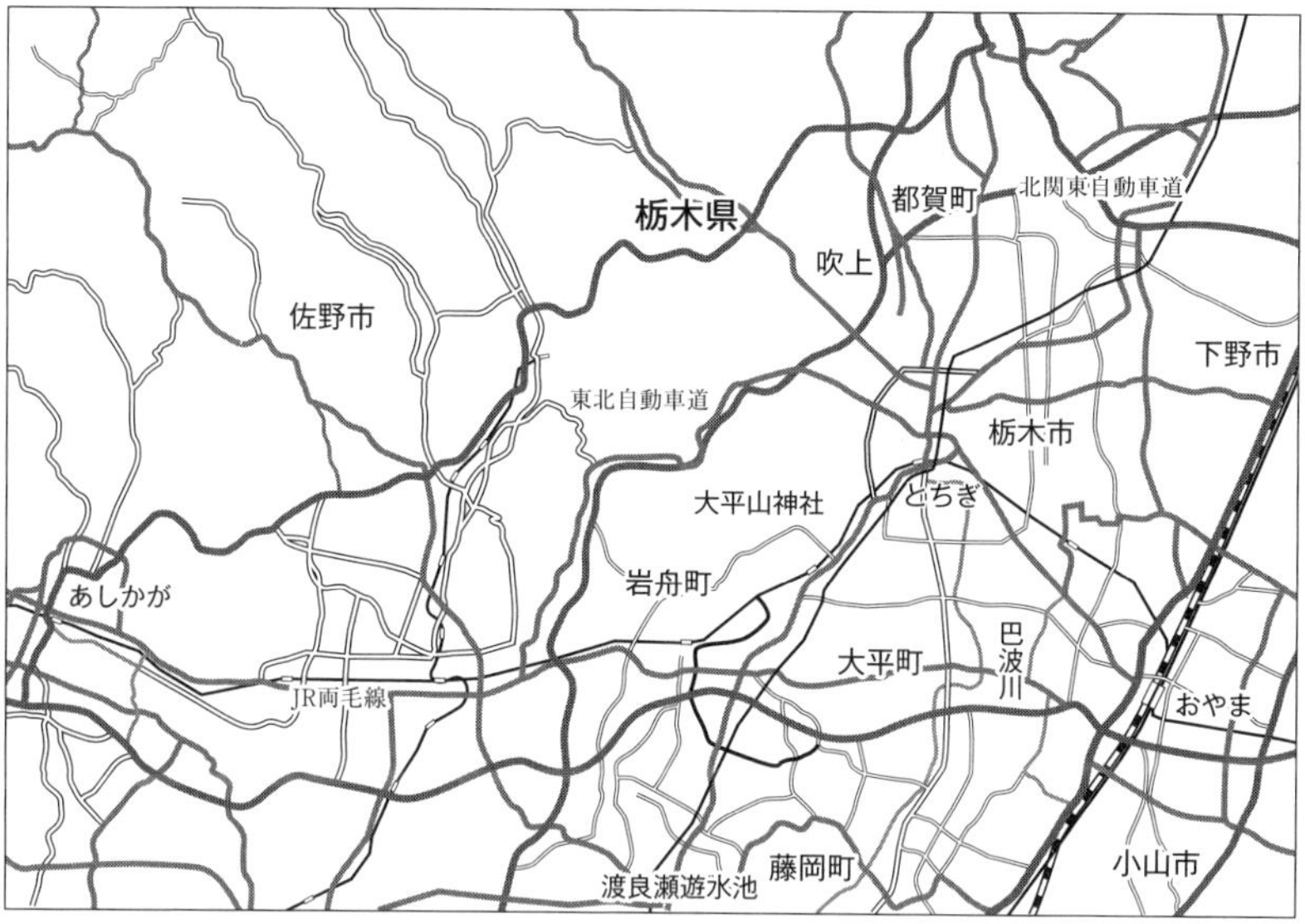

栃木県栃木市付近地図

語り手もいるかもしれないけれど、把握できていない地域です。かつて柳田国男や折口信夫《おりくちしのぶ》が昔話研究を始めた昭和初めに、加藤嘉一《かいち》・高橋勝利《かつとし》という大変優れた研究者が昔話を集めています。しかし、昭和後期になって伝承者の姿が見えなくなってます。みなさんがよくお使いになる『日本昔話大成』とか、『日本昔話通観』になりますと、たいてい群馬県と一緒に括られている地域ですけれども、群馬が十あるとしたら、栃木は五もないということです。伝承動態の調査がなされていないのですね。

みなさんのお手に渡った『栃木口語り』というのは、いくら待っても語り手の姿が見えないので、一つの実験として作ったものです。吹上という地域に採訪をし、故老からの聞き伝えを自ら語り継ぐ語り手として一緒に入っていただいた方が、ここに見えてくださった間中さんです。私は間中さんを現代の語り手としてたいへん高く評価しております。現代を呼吸して、現代に通用する語りということをずっと考えて活動していらっしゃった。上手とか下手とかというものを越えた世界を持っていらっしゃいます。私の講座でも毎週学生に語りを聞かせてくださっております。今日は、間中さんの語る昔話について、あとから私が解説を述べることになると思いますので、どうぞよろしくお願いします。

二　湯西川に伝わった「蛙の婆蓑」

間中　栃木県栃木市から来ました栃木の語り部の間中一代と言います。二十年ちょっと前まで小学校の教員をやっておりましたが、子どもが生まれたのをきっかけに、健康を害しまして、学校を離れました。でも、子どもたちと離れがたくて、図書館ボランティアをする中で語り部をやっていますが、お祖父ちゃん、お祖母ちゃんや母から聞いていた昔話もあるんですよ。CDや本から覚えたりして語りをやっていて、今、野村先生の授業に行って口承文芸を学んでいます。

　じゃあ、栃木の昔、語ってみっからね。栃木といっても広いんだけど、これからみんなに語ろうと思ってんのは、栃木のすごぉく北に湯西川《ゆにしがわ》ってところがあんだよ。今は合併で日光市というとこになっちゃったんだけど、そこは平家の落人《おちゅうど》の里なんだ。そこに、ずうと小さいころから住んで、お祖父ちゃん、お父さんから話を聞いてた岡本加久子《かくこ》さんという人がいて、その人から聞いて覚えた「蛙《かえる》の婆蓑《ばばみの》」っていうのを語ってみっからね。

　むがぁし、あったど。

あるどごに、おどっつぁまがいで、娘三人持ってたと。ある時、おどっつぁまが野良仕事に行ったら、蛇が蛙呑《の》んでんだと。それ見だがら、おどっつぁまが、

「これ、蛇。おらぁ娘三人持ってっから、どれか一人嫁にくれでやっから、蛙放してやれ」

って、そう言ったら、蛇ぁ、その言葉聞き分けて、蛙離してやったんだと。蛙は嬉しそうにぴょーんぴょーんぴょーんと、草むらの中に逃げてったぁ。

　そうしてなあ、おどっつぁま、はぁ、えがった（良かった）って、野良仕事おやして（終わらせて）、家さ引《ひ》っ返《けえ》してきてみだればよ、もう先回りして、蛇がおどっつぁまの家の敷居など枕にして寝でんだと。それ見だおどっつぁま、

「ああ、嫌だ。いくら嫁にくれったたって、こうだ（こんなに）早く来てくれられっか。それにそのような姿で、嫁になどくれられね。いつ、いっか日を改めて、姿変えて来《こ》」

って、そう言ったら、蛇はその言葉聞き分けて、ずるずるー、ずるずるーって、山さ引っけって行ったんだと。

　そうは言ったもののなあ、おどっつぁま、娘だちに、どうやって話したらよがんべがなあと思ったら、もう飯《めし》も喉《のど》を通んね。蒲団《ふとん》引っ被って、寝込んじゃったんだと。したら、一番上の娘来た。

「おどっつぁま、おどっつぁま、あじになったでやれ

（どうしたのか）、まんま（飯）も食わねで寝てちゃしょうがなかんべ。起きてまんま食わっしぇ」

って、そう言ったら、おどっつぁま、

「おらぁ、塩梅《あんべぇ》（具合）悪《わり》いわけでもなんでもねんだよ。今日、野良仕事行ったら、蛇が蛙呑んでんで、『おら、娘三人持ってっから、どれか一人嫁にくれでやっから、その蛙放せ』ったら、蛇が放してくれたんだが。それで、わい（お前）、蛇の嫁様になってくれねぇかや」

ったら、一番上の娘、

「ああ、嫌なこと語るおどっつぁんだ。誰が蛇の嫁御なんかになる」

って、どたん、ばたんと出て行ったんだと。

　おどっつぁん、また困って蒲団引っ被って寝てだぁ。したら、二番目の娘来たんだと。

「おどっつぁま、おどっつぁま、あじになったでやれ、まんまも食わねで寝てちゃしょうがなかんべ。起きてまんま食わっしぇ」

たら、おどっつぁま、

「おら、塩梅悪《あんべぇわり》いわげでもなんでもねえだよ。今日、野良仕事に行ったら、蛇が蛙呑んでんで、『おら、娘三人持ってっから、どれが一人嫁にくれでやっから、その蛙放せ』ったら、蛙放してくれだんだが。そこで、蛇の嫁さんになってくれねぇかや」

　そしたら、二番目の娘、

「なんてこと言うおどつぁまだ。おら、なんぼ（どんなに）貧乏して、膝っかぶとれて（膝がすり切れて）、肩に継《つ》ぎ接《は》ぎ当でるような貧乏暮らししたって、蛇の嫁様なんじょには行かねぇ」

　そう言ったかと思うと、枕をおどっつぁまにぶち投げて、どたん、ばたん、かたん、ぴしゃんて出て行ったんだど。

　はぁ、おどっつぁま、よくよく困りはてて、また蒲団引っ被って寝ていだら、三番目の娘来た。

「おどっつぁま、おどっつぁま、あじになったでやれ、まんまも食わねで寝てちゃしょうがなかんべ。塩《あん》梅《べぇ》でも悪いんかい。おどっつぁんの口に合うものあったら、おら、里の方さ行って、なんでも買ってきてやっから、な、起きて、まんま食わっしぇ」

なんたら、おどっつぁま、

「おらぁ、塩梅悪《あんべぇわり》いわげでもなんでもねえだよ。今日、山仕事さ行ったら、蛇が蛙呑んでんで、『おらぁ、娘三人持ってっから、誰か一人嫁様にくれでやっから、その蛙放せ』ったら、蛇は蛙放してやったんだなあ。どうでもなあ、蛇の嫁様になってくれねぇかや」

　そう言ったら、三番目の娘、

「うーん、わかった。おら、蛇のとこ、嫁様に行く。

おどっつぁまが約束したんだったら、蛇のとこだって、どこだって行く。だがら、元気出してまんま食わっしぇ」

って言ったんだど。それ聞いて、おどっつぁま、安心してまんま食って、元気になったんだと。

　さて、そうこうしているうちになあ、今度《こんだ》、蛇がよ、大安日《たいあんにち》など選んで、いい侍の男に姿変えて、裃《かみしも》なんど着て嫁取りに来たんだと。したら、それ透き見てた（隠れて覗《のぞ》いていた）一番上と二番目の娘、

「あれまあ、ああだ、いい男。おれだち、失敗したかなあ」

なんて言ってんだと。三番目の娘、おどっつぁんに言ったんだど。

「おら、嫁入り支度なんぞ、なんにも要らねぇけど、針千本と瓢箪《ふくんべ》千、花嫁支度に持たせてくだっしぇ」

って言ったんだど。したら、おどっつぁま、

「ああ、わかったわかった。なんぼでも持たせる」

って、その末娘の嫁入り支度に針千本と瓢箪《ふくんべ》千、持たせて、長たんぽ（長着？）なんど着せて、蛇の嫁様にしてやったんだと。娘は長たんぽ着て、瓢箪《ふくんべ》千と針千本持って、蛇の後を付いていった。

　蛇の婿殿《むこどん》は、どんどんどんどん山さ上がって行くんで、娘もその後付いてどんどんどん山奥へ入って行ったら、川が流れ込んで、沼っ原みてぇなとこになってとこに出た。その時な、そのいい男の蛇の婿殿《むこどん》がな、言ったんだど。

「おめぇ、驚くなよ。おらの家はこの沼だ。おめぇもおらの嫁様になったんだがら、この沼さ入《へ》らなければなんね。だけど、まあず、おれが蛇の橋になって、向こう岸さ懸かるから、その背中渡って、おめぇも向こう岸さ渡れ」

って、そう言ったんだと。そう言ったかと思ったら、その婿殿《むこどん》がでぇけぇ蛇の橋になって、ずだあんと向こう岸に懸かったんだと、婿殿《むこどん》。いやあ、娘はそれ見て、はっと思ったんだと。気取り直してな、

「おらも、蛇の嫁様になりに来たんだがら、この沼になんだって入る。おらが持って来た、この嫁入り支度の針千本と瓢箪《ふくんべ》千、この沼さ投げっから、針千本は沈めねぇで、浮かしてくだっしぇ。瓢箪《ふくんべ》千は浮かさねぇで、沈めてくだっしぇ」

って、婿殿《むこどん》に言ったかと思うと、この沼に針千本と瓢《ふく》箪《んべ》千、ぱあっと撒《ま》いたんだど。したら、針はずぶずぶずぶ沈んでくんで、婿殿《むこどん》は、ああっ浮かすべ、ああっ浮かすべ、瓢箪《ふくんべ》千は、沈めよう沈めようとする傍から傍から、ぽんからぽんからぽんからぽんから浮く。あああっ沈まれ、ああっ沈まれ、ばっしゃん、ばっしゃん、ばっしゃん、ばっしゃんやってるうちに、針千本が蛇の婿殿《むこどん》の体に全部突き刺さちゃって、そっから鉄《くろがね》の

毒っつものが回って、蛇はがおって（弱って）死んじまったんだと。蛇は死んで流れでく、娘はそれに伝わって、だんだん下りてったんだと。

　したらば、日が暮れて、草葺きの一軒家んとこへ来たんで、はぁ、ここさ泊めてもらうべと思って、どんどん戸を叩《たた》いて、

「おらどこ、一晩泊めてくだっしぇ」

って言ったら、中からがさっと戸が開いて、婆様《ばあさま》出て来たんだと。その婆様《ばあさま》なあ、その娘一目見るなり、

「ああ、よく来たよく来た。おらぁ、待ってたんだなあ。実はなあ、おら、おめぇのおとっつぁんに命助けられた蛙の婆様《ばあさま》だ。よく来た、入れ入れ」

って、夕飯なんど御馳走してもらって、その晩はそこに寝たんだと。

　さて、次の日になったらな、その婆様《ばあさま》が娘に聞くんだと。

「おめぇ、これからどごさ行くんだ？」

「おら、だんだん里の方さ下りで行くべど思うんだ」

「ああ、そうか。この山には山賊出んだ。だから、この蛙《かえる》の婆蓑《ばばみの》ってものをやっから、これ被ってけ。これを被れば、婆《ばば》ぁの姿になる。でもな、脱げば元のいい娘の姿になっから。それにな、道に迷わねぇように、米っ研ぎ水流してやっから、この米っ研ぎ水に伝わって行けよ」

って、蛙の婆様《ばあさま》に米っ研ぎ水流してもらって、それに伝わって、どんどんどん行ったんだと。

　したらなあ、やっぱりいたんだど、山賊どもが。焚き火囲んでなあ。それで、

「婆ぁ、来たな」

「あの婆ぁ、いつでも来んだ」

「ほれ通れ」

なんて、婆ぁの姿になっていたもんだから、なんなくそこ通れたんだと。

　そしてまた、米っ研ぎ水に伝わって、だんだん下りて行ってみたれば、やあ、立派なお屋敷の長者様の家の軒先に、その米っ研ぎ水がぽたぽたぽたーんと落ちたんだって。やあ、ここだべかと思って、その娘、その屋敷に入ってって、

「おらごと、この家の竈《かまど》の下の飯炊《めした》き婆《ばば》ぁでも何でもいいから、使ってくだっしぇ」

って、そう言ったら、そこの人、

「ああ、いいとこ来た。おら家では、今、飯炊《めした》き婆《ばば》ぁいなくて、困ってたとこごなんだ。今日から働け」

って、そこで飯炊《めした》き婆《ばば》ぁになって働いていたんだと。

　したればな、ちょうどこの家には、嫁取りするようなくれぇの年頃の倅《せがれ》いたんだど。その倅なあ、今度《こんど》来た飯炊《めした》き婆《ばば》ぁ、飯炊《めした》き婆《ばば》ぁだっつうが（だというが）、どうも働きっぷりが違うぞなんて見てて、夜になった

ら、飯炊《めした》き婆《ばば》の部屋に灯りがともる。そうしたところに、こっそりその倅、透き見に行ったんだって。障子とこに、こう穴っこ開けて、その中から覗いてみた。したれば、中にいたのは婆《ばば》なんぞじゃながった。婆蓑《ばはみの》脱いだいい姉様、ぶいーん、ぶいーんって、糸紡《つむ》いでたんだと。やあ、それ見た倅たまげて（驚いて）、障子がらりと開けると、

「おめぇ、誰だ。狐か狸か、化け物かあ」

　刀抜いて斬るべと思って振り上げたんだど。したら、その娘、

「ああ、待ってくだしぇ、待ってくだしぇ。おら、狐でも狸でも魔性のもんでも何でもねぇだ。おら、おどっつぁまに蛙の嫁様にくれられて、そうして蛙の婆《ばぁ》様《さま》に婆蓑《ばばみの》もらって、婆《ばば》ぁの姿になって、この家の竈の下の飯炊《めした》き婆《ばば》になって働いていたんだ」

って、そう言ったら、その息子、そういうことだったのかって思った。そうして、その娘の姿、一目見るなり、一目惚れして、恋の病っつうものにかかってしまって、はあ、飯も喉《のど》通んね、蒲団引っ被って寝ちゃったんだと。

　したればよ、そこの家のおとっつぁんとおっかさん心配《しんぺぇ》して、医者よ、法者《ほうしゃ》（神主）よと手を尽くしたが、一向に効き目がねぇんで、占いの人を頼んだんだと。したら、その占い師がな、

「うーんむにゃむにゃ、うーんむにゃむにゃ。この家《や》の倅は、この家《や》の中のオナゴ（女）の誰かしらに惚《ほ》れてる。なんでもいいがら、この家の女って女に、口に入るもん持っていかしてみろ。取って食ったもんが、倅の思うもんだ」

って言ったもんだがら、家中のオナゴっていうオナゴに、まんま持たしてやったり、お茶持たしてやったりして、倅んとこにやったんだども、何一つ受け取って食わね。そうして、いよいよ、女つったら、あの竈の下の飯炊《めした》き婆《ばば》ぁだけになってしまったんだと、残りは。おどっつぁんとおっかさん、

「しゃぁねぇなあ（仕方ないなあ）、家の女ったら、あの飯炊《めした》き婆《ばば》ぁしかいねぇな。あれも女の端くれだ、あれに持たしてみっか」

って、飯炊《めした》き婆《ばば》がお盆に重湯乗っけて、倅の部屋に入ってった。したら倅、蒲団の下からそっとその姿見たかと思ったら、がばり起きて、重湯受け取って飲んで、そうして、

「ああ、うまかった」

なんて、元気が出たんだと。いやあ、おら家の息子、あの飯炊《めした》き婆《ばば》ぁに惚れてたんだなあと思ったが、おどっつぁんとおっかさんのとこに倅やって来た。

「おとっつぁん、おっかさん、おらね、あの竈の下の飯炊《めした》き婆《ばば》ぁ、嫁にとってくれろ」

と頼んだんだと。それで、いつ、いっか、今度《こんだ》仲人立てて、立派な御祝儀あげたんだと。婆蓑《ばばみの》脱いで、文金高島田、花嫁姿になったれば、まあ、なにほどいい女だがわかんねんだと。いやあ、三国一の花嫁だ。おら家の息子が惚れただけのことはある。みんなにほめられて、それからつもの、この二人は末長く、仲よく、満福長者で暮らしましたとさ。

　しゃみしゃっきり、ねこすけぽん、ふぃー（拍手）。

三　「蛇婿入」複合型と御伽草子『花世の姫』『姥皮』

野村　みなさんに聞いていただいたんですけれども、すごく今日は乗っていらっしゃるようですね。私と二人だけの時と違います。原形として、昔話は一人の語り手に一人の聞き手でいいんです。そうすると、今日の語り方とまた違う。同じように聞いたことがありますけれども、今日の聞き手は若い、この主人公と同じ世代のお年ですものね、これから結婚なさる。張り切って伝えたと思いますね。そのように、場所によって彼女の語りは違います。今日は大勢の方のところにお見えになって、彼女の発揚する姿を見ておりました。語りというのは聞き手によって変わっていくということがよくわかりました。

　これは石井先生が講義をしていらっしゃると思いますけれども、昔話というのは声の文芸でございますから、無形文化。終わったら何もないということです。カラオケは一人でできるけれども、昔話の語りは、語り手と聞き手という相手があって形成する対面文芸の伝承空間でございます。

　私と間中さんは、三月十一日に被災されて栃木市に逃れて来られた福島の方が、誰も知らない所に来て、人間関係を求めていらっしゃるというので、「昔話を語らせてください」と言いに行きました。施設でのお役所の管理などいろいろありましたが、バリアを越えて昔話を語りました、福島から来られた人と昔話を語るということで人間関係を結んできました。昔話を聞いた、語り合ったというその関係だけで、地縁も血縁も結ばれていない一人の人間と一人の人間が、そこでこの上もなく親しみをかわす人間関係が構築されるのです。私はそういう文芸の特徴を大切に考えております。

　私はみなさんと同じぐらいの年から昔話を聞くことを始めました。数えてみたら五十三年。昔話の勉強というのは実に奥が深いものでございます。まだ全然わかっていないような気がいたしますが、今、間中さんから聞かせていただいた昔話に、みなさんがもっとよく反応してくださっていいですよ。間中さんの語りがよりはずみますので、反応してやってください。

今の昔話は、みなさんもお聞きになったことがあると思いますが、『日本昔話大成』で「蛇婿入」と分類されております。それには「苧環《おだまき》型」と「水乞《みずこい》型」がありますが、これは「水乞型」とはちょっと違うような。でも大きく言うと、「蛙報恩譚」「姥皮《うばかわ》」との複合型なのです。

たとえば、昔話を調査するときに、私たちは「タイプ・インデックス」を頼りにいたします。『日本昔話大成』で言いますと、まず「蛇婿入」と「姥皮」と両方合体し、その目的とするものは、もしかしたら「蛙報恩譚」かもしれない。でも昔話を語ったのは、分類を始めてからではなく、ずっと昔から語ってきて、後になってから分類をしたわけです。分類にあてはまらないほうが楽しいんですが、そういったものが合体している。どういうわけか、日本には南から北まですべてこの昔話があるんです。大変に日本人が好んで、この「姥皮」の複合型を語ってきたようですね。

「蛇婿入」のモチーフというのは、『古事記』や『風土記』に見えますね。蛇が人間の姿で婿になって来るというのは、三輪山伝説あたりから、非常に古い文芸モチーフとして聞き取っていて、みなさんも学習しているはずですけれども、日本人はそのモチーフを大変好んで語りついできているということなんです。

「姥皮」というのは婆の皮を被るというものですが、中世の御伽草子の『花世の姫』の中に、今、語られたものと大変似かよった文芸モチーフがあります。徳田和夫さんの解説によると、『花世の姫』は昔話を参考にして文芸化された文字の物語であったと言っております。私たち日本人は中世から、こういう姥皮を被って竈《かまど》の火焚きをするということを変わらずに語り継いでいる。御伽草子の中でも、火焚きをして見初められて、幸福な結婚をしていくという話になっておりますので、この昔話を日本人は長く愛してきたことがわかります。

そして、もう一つ、『姥皮』という作品があるんです。それは一三〇〇年代、応永年間のこととして書かれています。『花世の姫』は、富士山の裾野あたりの物語になっておりまして、助けに出てくるのは山姥でございましたが、『姥皮』の方は尾張の話になっていたはずでございます。今、二〇〇〇年を過ぎていますから、『姥皮』が室町末期成立ということを考えただけでも、この文芸の命の長さは日本人の好みですね。声に出して語り継いできたのですが、その中におもしろさがないと語りませんね。どうしてこれが語られてきたんだろうと思うとき、日本人の好む文芸性というのでしょうか、そういうものが声で綴られてきたということに、たいへん感動を深くいたします。

私は今朝ほど『下野《しもつけ》風土記』というのを読んでまい

りました。これは昭和になって文字化されたもので、誰の作かわからないんですが、芭蕉の活躍した元禄の頃に作られたらしいのです。先ほど、間中さんが蛇のことを、「ずだあんと大きな蛇の橋になって向こう岸に懸かった」って語りましたが、ああいう日光の橋の伝説がその中に書いてあります。大蛇が川とか沼の向こう側に渡って橋になるという発想は、栃木バージョンなんですね。日光に立派な橋があるんですが、それが庶民伝承によって蛇が懸けた橋として残っている、そういう不思議な下野風が感じられます。現代の語りの中にも、栃木の民間説話の感覚というものが残っているので、大変興味深く聞きました。

間中さんの語りは、とてもわかりやすいですよね。そして、みなさんにも伝わったと思いますが、「蛇婿入」の複合型のそれは非常にむずかしい伝承の中に入っていて、小学校の子どもたちにはなかなか伝わらない、やはり大学生向きだなと思って聞いておりました。今日、これを選んでいただいたのには訳がございまして、『日本昔話大成』というのは関敬吾先生のものなんですが、私どもはこれをお手伝いして作りました。昭和五十三年にできているんですけれども、そのときに、この複合型の蛇の昔話、蛙の報恩譚が栃木の資料に見当たらなかったのです。新潟県の代表例がありまして、そして群馬県もあるけれども、栃木にはなかったんです。ですから、みなさんには文献にない資料を聞いていただきました。『日本昔話大成』を読むときに、新潟と群馬との間に間中さんの資料を思い出して、栃木にもこの型の語りがあるんだなと思って研究を続けていただけると思います。

四　栃木に伝わった「巴波の鯰」

野村　栃木バージョンと言いましたけれども、次も栃木の話をお願いしましょう。

間中　旧栃木市の真ん中を巴波川《うずまがわ》って川が流れている。今は浅い川になっちゃってるけど、昔は流れが急で、渦を巻いてたから、渦巻き川、巴波川って言ったり、川の西の方に市役所があるんだけど、そこの昔の地名が字《あざ》ウズラジマ（鶉島）。西側の方にウズラが住んでいる所があったから、ウズラジマ川、それが訛《なま》って巴波川になったとか、いろんな名前の由来がある、この川に伝わる話だ。

むがぁし、あるどぎ、日照りつづきの年があって、その巴波川の水が、みぃんな干上がってしまったんだと。夏の暑い日のとき、一人の百姓がその巴波川のほとり通りすがったら、水が干上がった川底の真ん中の底に、すこぉしだけ残った水たまりの中で、何か動いてた。なんだべど思って、その中へ入って行ってみたれば、一匹の鯰《なまず》が苦しそうに動いてるんだと。その鯰の、ちっちゃい（小さい）まん円い目を見た百姓はかわいそうになって、持ってた手拭に、その鯰、大事にくるむと、川下の深ぁい岸のところに連れて行って、その鯰、放してやったんだと。鯰は気持ちよさげに、すいすいて泳いで行った。

はあで、そんなことがあってから、どれっくれぇ経ってからだったか、また今度《こんだ》、夏の暑い日に、子どもらが巴波川で水泳ぎしてた時のごどだ。その百姓の息子が溺れてしまったんだと。見てた大人たちも、助けねばなんね、何とかしなけりゃなんねと思うけど、流れは渦巻いであんまり早いんで、助けるごどもできねぇ。ところがな、はっと見てたら、その溺れた子どもが、水の上にぽっかりと浮かび上がってくんだと。みんなたまげて（驚いて）、よぉく見てみたれば、その子どもの下のとこに、何千何万という数の鯰が集まって、川床が陸のように盛り上がって、その子ども、岸の方に押し戻して、助けてやったんだと。あの時、百姓が助けた鯰が仲間連れて、その子ども助けたっつう話だ。

「巴波の鯰」のお話、これでおしまい。

この話にはまだ続きがあって、飯盛《めしも》り杓文字《しゃもじ》、御飯をよそう杓文字が鯰の形をしてるのは、その時の鯰の恩を忘れないためだとか、鯰ですら人の恩を忘れんじゃねって、恩を忘れないんだから、人も人から受けた恩を忘れんじゃねって、そういうためにあんな形をしてんだって、そんな伝えもあります。「巴波の鯰」のお話でした（拍手）。

野村　今日は時間がないのですが、シモツカレという正月料理用の「鬼おろし」という道具を持って来られたので、折角ですから見せてください。

間中　栃木県にシモツカレっていう郷土料理があって、最近、「日本の郷土料理百選」というのがあって、そこの中で、栃木県でも、「ちたけうどん・ちたけそば（折ると乳のような汁が出るので、「乳茸」。これが訛って、「ちたけ」という）」と、このシモツカレというのが郷土料理になったのです。それは、初午《はつうま》の日のお稲荷様にお供えするご馳走のシモツカレをするときに、この「鬼おろし」というおろしを使うんです。普通のおろしよりも、すごく目の粗いおろしで、これで大根や人参をごりごりごり摺《す》り下ろして、そこに塩引き鮭の頭と、節分に撒いた残りの豆と、場所によっては油揚と酒粕を細かくして、ごった煮にしたのをシモツカレと呼んで、お稲荷様にあげる。その「鬼おろし」というのがこれです。昔ながらの木の股のところで作ったものや、こういう箱型があって、他の地域の「鬼おろし」だとこんなものも売られていて、これはネット通販です。プラスチック製で、グッチ裕三という人のデザインで、枠が鬼の顔になっています。これを使うと粗《あら》くおろせるんですけれど、こういうネットあたりで売っているのは、栃木県特有のシモツカレを作るためではなくて、水分がぐちゃぐちゃと出てしまわない、粗い大根おろしができるから、とっても便利だよということをうたい文句にしています。これが「鬼おろし」というものです。

野村　「すべてお正月料理の残り物でやるんだよ」と栃木の方々は語ってますが、私から見ると、ハレの日の大事な食材ではないかなと思います。今は残り物ということになって、お正月のものを捨てないというのは地球環境にやさしいエコの発想であると、現代では評価が高い料理だそうです。

『チュ・ママの台湾民話』のカバーと帯

　さきほど、石井先生から外国人花嫁の語った昔話について学習されたということを伺いました。間中さんから、巴波の水で鯰が報恩をしたという「魚の報恩譚」を聞かせていただきましたが、台湾人花嫁の絵本にも、鯨《くじら》に乗った少年の話があります。この栃木の話は今は観光船が行き交う町中の川の伝承となっていますけれども、台湾の話と通います。栃木の中にあるさりげない一話ですが、世界につながっているということをお知らせできると考えております。

　それは台湾発見の昔話です。釣りに出た少年が溺れてあっぷあっぷしているところを鯨が助けてくれた。そして、島が見えたから、「あそこに連れてってよ、魚さん」と言ったら、蓬莱山の台湾の島であった。そこに居ついたのは日本人らしい。日本の少年が、畑を耕して、小鳥が残していった糞から南瓜《かぼちゃ》が出てきた、胡瓜《きゅうり》が出てきたというふうにして暮らしていったという話になって、『チュ・ママの台湾民話』の表紙に、魚の背に乗った子どもの絵が描いてございます。

　私は台湾に行けないので、沖縄県八重山《やえやま》郡竹富《たけとみ》町黒島でがまんしました。一番南の島になるんでしょうか、石垣島から三十分船に乗って行くと、そこのタラマモーサという漁師さんが魚に助けられて戻ってきたというお話がありました。

日本中に魚の背に乗って戻ってきた話があります。不思議なことに、女の子はいません。それで石井先生のご研究の「遠野物語拾遺」には、遠野のある家の祖先が鮭の背に乗って戻ってきたという話で、『聴耳草紙』にもあります。遠野では、その一族は鮭を食べないのです。魚の背に乗って来たのは、やはり男性だと思うんですが、各地にそういう話がある。私が生まれた最上川《もがみがわ》流域にも、「鮭《さけ》の大助《おおすけ》」という鮭の大きいのが川を上って来ますけれども、それの背中に乗って熊高八右衛門さんという人が助けられたので、この一族だけは鮭を食べません。栃木の巴波川と同じ話が今も伝えられております。

今だけじゃなくて、『宇治拾遺物語』に「魚養《うおかい》の事」という話があります。海に投げ込まれたが、大きな魚の背に乗って海を渡ってきた朝野宿禰魚養という人がいたんですね。台湾を占領した植民地政策のときに、日本が作った『生蕃伝説集』というのにも、鱶《ふか》とか鯨とか大型の魚に乗った人間の絵があります。栃木の小さな川の、かわいらしい物語ですが、世界にそういうテーマがつながっているのです。どうしてかしらと考えるのも、地球を考えるうえに好ましいと思います。

間中さん、昔の栃木町で太平山《おおひらやま》神社を信仰していた人たちは鰻《うなぎ》を食べちゃいけないということがありましたが、川がそういう物語を持っているんですね。やさしい人がやさしい思いで一匹の魚を助けるのですが、魚が棲《す》めない水というのは、私たち人間にとっても最悪ですよね。環境を考えるのに、私は、今日お話しをいただいたテーマは、みんな人間がいかに生きていくかというところの歴史があるような気がします。

ときどき人間が思い上がって、針を投げたり釘を刺したりして、鉄分を川に入れて生き物を殺す物語を持っていますけれども、それは一種の警鐘ですよね。人間が水の精霊として考えて、そこにいる生き物の命をいただきながら、共存していた時代の物語というのが昔話世界には見られます。人間の歩みというのを考えるのに、昔話はとても大きな手掛かりになるのではないかと思います。そこには人間の愚かしさも刻まれていますよ。みんなで共存して祀り上げてきた水の精霊を退治して、いつの間にか人間の方が偉くなっちゃったと思う心の形です。いろんなものを退治する昔話もありますけれども、そこには人間の思い上がりみたいなものがおそらく記録されているのでしょうね。

今日は節電で電車が間引かれておりまして、満員電車で暑かったですね。地球の生き方とか、そういうことを考えるなら、やっぱり、私たちは初源の道にさし戻ってものを考えるのに、これはいい機会じゃなかなと思っています（拍手）。

石井　ありがとうございました。野村さんの解説と問中さんの語りで、栃木という場所のお話が日本で長く語り継いできたことと関わる、そして、そのお話が栃木だけでなく、台湾や沖縄、山形、岩手と空間的にも広がっていることを知りました。栃木のお話を知るだけではなくて、時間的にも空間的にも広がっていくような世界が見えてきたと思うので、たいへん嬉しく、ありがたかったと思います。今は海の魚が主流ですが、かつて日本には、動物性タンパク質を摂《と》るために、川魚を食べる文化が豊かにありました。それぞれの生まれ故郷の食習慣をふり返ってくださってもいいなと思います。それでは、もう一度お二人に拍手して、今日の授業を終わりにします。どうもありがとうございました。

（二〇一一年七月一日、東京学芸大学の授業にて）

【参考文献】

・徳田和夫編『お伽草子事典』東京堂出版、二〇〇二年。
・野村敬子編・松田けんじ絵『チュ・ママの台湾民話』星の環会、二〇〇一年。
・野村敬子『語りの廻廊』瑞木書房、二〇〇八年。
・野村敬子・原田遼編『栃木口語り――吹上　現代故老に聴く』瑞木書房、二〇一〇年。

第二部
児童文学と昔話に寄せて

『花咲爺』（榎本松之助、1925 年）

『かちかち山』（榎本松之助、1925 年）

エッセイ

児童文学研究からみる昔話

佐藤宗子

『赤い鳥』第12巻第３号（昭和11年）（復刻版）

私が児童文学研究を始めてから、三〇年余りがたちます。出発は、鈴木三重吉が主宰し、大正期半ばから昭和初期にかけて刊行されていた雑誌、『赤い鳥』の研究です。修士論文でまとめたのは、フランスの文学や児童文学に由来する翻訳・再話作品でしたが、それに先立っての雑誌の通覧では、もちろん、他のさまざまな掲載作品を読んでいきました。

創刊号の芥川龍之介「蜘蛛の糸」はじめ、坪《つぼ》田《た》譲《じょう》治《じ》、新美《にいみ》南吉《なんきち》など、近代の作家の創作が載っているとの知識を持っていただけに、順次読み進めながら、伝承文学に由来する作品が多いことに少しばかり驚かされたことを記憶しています。三重吉が日本神話を再話した、有名な「古事記物語」はもとより、形態は翻訳やら翻案やらさまざまながら、海外の昔話や伝説なども、とくに初期の誌面には多く登場していました。

通読の際には、なんとなく見覚えがある作品だと思いながら通り過ぎただけでしたが、後になって、そのことが何を意味しているか、ふと思い至りました。私は幼少期に、それらの作品を、もちろん別の訳者・再話者のものであるにせよ、相当数を読んでいた——つまり、編年的にいうなら逆で、かつて『赤い鳥』で紹介されたような伝承文学の作品群は、その後もさまざまな子ども向けの絵本や叢書として出版され続け、戦後の一九五〇年代生まれの私が幼少期を過ごした六〇年代にも、それらが子ども読者の手に渡るような環境が一般的にあった——ということなのです。

私の場合、家庭でも学校でも、決して図書に恵まれていたわけではありません。そして、手に取ることができたのは、「ラング」を冠したものなどの学年別昔話集やら、講談社の絵本の類やら、今の眼から見れば「忠実」な「よい」再話とは言いがたいものが多かったといっていいでしょう。数年前、縁あってアンドリュー・ラングが編纂した昔話集の翻訳シリーズ再刊の解説を書く機会がありましたが、今読み返すと、世界各地の話に眼を配っているのはわかるものの、昔話研究が進んだ現在の評価には耐えにくいのだろうなと推測されます。講談社の絵本を見返せば、『猿蟹合戦』の猿は謝って許してもらうし、『安寿姫と厨子王丸』でも安寿は死にません。(『かちかち山』では「婆汁」は出ないものの、おばあさんは死に、そして最後には狸も死んでいますけれど。) それでも、当時の私にとって、そこにはさまざまな発見があり、疑問を覚え、やがて遠い先で研究の道に足を踏み入れる萌芽が生じたのです。

幼時に絵本で見た「シンデレラ」と、この「灰かぶり」は、どこか似ているが、同じ話なのか。背景はドイツやらロシアやら日本やら違うけれど、なんだか筋が似た話がいろいろあるなあ……などと、硬くいうなら類話の存在や再話同士の相違といったことに、深く興味をそそられました。

ちなみに、ほぼ同時期には原作とテレビドラマの関係とか、年間の連続ドラマとその総集編の関係などにも強い関心を持っています。どうやら、児童文学における翻訳・再話の研究に携わることになったのは、この頃からの自然な流れだったのかもしれません。

他の伝承文学についていえば、やはり中学年の頃、ギリシャ、北欧を主に、中国、インド、エジプト、メソポタミアまで若干カバーしたなんともお得な叢書の一冊、『世界神話物語』を読了、「神話」の骨格がおぼろげにつかめた気がしたものです。学校を通して購読していた『日本の地理』といった知識読物の雑誌には、当該地域の伝説が必ず掲載されていました。

ともあれ、こうして小学生のあいだにさまざまな伝承文学に触れたことで、大まかながらも自分の中にある程度の蓄積ができていたこと、おそらくはそれをもとにして、複数の再話が同時に存在することがありうるという認識ができていたこと——それが、近現代の児童文学の翻訳・再話研究をするときの、私の基本姿勢になったことは間違いないでしょう。

フランスを舞台にした『家なき子』が、日本の女の子を主人公に翻案されていても、分厚い文庫数冊分の長編なのに、幼児向けアニメ絵本のわずか数見開き分に縮められていても、それだけで憤慨することはなく、むしろ興味深く思えてきます。中編の長さしかない『フランダースの犬』が、どのように日本人向け長編アニメに変貌を遂げたのか、あるいは主人公たちが死なない結末のハッピー・エンド版が書かれているのか——いずれも、そこにはそれなりの、改変された理由があるはずで、その追究のほうに好奇心をそそられます。原作を絶対尊重すべきとか、完訳しか認めないという一途な「よい」読書推進派の人には、理解しにくいことかもしれませんが……。

要は、そもそも物語の受容のされ方はさまざまであることを、どの程度まで許容できるかということだと考えます。自身の物語経験の蓄積を、正当な道筋を作って整頓したいか、雑多に豊富にあふれた状態でもかまわないか、と対比させることもできるでしょう。

さて、現在、私は教員養成を主眼とする教育学部で、文学や国語関係の授業を担当しています。数年前から、国語科選修の学生を対象に「日本の言語文化」という科目を設け、その中で伝承文学についても、グループ学習を行うようにさせています。なんとも大層な科目名で、私のようなもともと日本文学研究出身でもない人間が担当するのはおこがましいとは思うのですが、学校現場に出る学生に、とにかく伝承文学や伝統芸能などと出会う機会を作りたいという思いが募り、授業内容に入れてきました。

学生たちのこの分野に関する認識は、懸念していた通りでした。ほとんどの学生は、神話も伝説も昔話も、区別もよくわからないし、それらの有名な話も知りません。神話について調べてきた学生本人が「イザナキとイザナミって、どっちが男だったかな」と混乱している始末。「昔話って、シンデレラや白雪姫なら絵本で知っているけれど……」という状態。日本の五大昔話など、あまりの知名度の低さに真っ青になるでしょう。

そんな中で、今年度から小学校で使用されている国語教科書では、「伝統的な言語文化」が必須の学習事項として入っています。特に低学年では、「昔話や神話・伝承などの本や文章の読み聞かせを聞いたり、発表しあったりすること。」と学習指導要領に明記されています。このため、教科書にも「いなばの白うさぎ」などが入りました。しかし、たとえばそれに付随する学習活動として、昔の話を読もうとしか指示がなかったりするのです。他方、全社の四年生の教科書掲載作、新美南吉「ごんぎつね」の場合、大手某社の関連雑誌指導ページでは、児童と教師の発問の例示として、(児童)「これは、昔話」とか、(教師)「そうですね。中山というところの昔話ですね」などと記されていて、その無造作な「昔話」という捉え方に仰天させられます。現場の教員のみならず、教員を指導する立場ですらこの程度の認識である、というのが実態なのでしょう。

　児童文学は、伝承文学に淵源を持つといえるジャンルです。伝承文学が雑多な物語の流れを合流させたり分流を作ったりしながら豊かな景観を形成してきた恩恵を受けてきました。多様な物語のかたちがあることを十分に体得していることが、新しい作品の創造にも、受容にも、柔軟に対応していけるための条件といってもいいでしょう。

　一つの作品を一つの「理想型」として固定するのでなく、しなやかに動きつつ、さまざまな形態で呑みこんでいくこと。その猥雑さが豊穣につながる——伝承文学のなかでも親しみやすい昔話に親しむ中で、そうした裾野の広がりをあらためてめざしていくことが、ひいては児童文学の、さらには児童文学研究の豊かさをもたらすのではないか、と思っています。

エッセイ

創作民話シリーズのこと

相原法則

安藤美紀夫著『でんでんむしの競馬』
(1930〜1990)

一九六八年といえば昭和四三年。それから四年間ほどの話ですから、もうむかしばなしの世界でしょう。この年の夏、わたしは三つめの転勤先、児童図書の偕成社へ入社しました。春に倒産した河出書房新社からです。

この年の春、偕成社は四人のベテラン編集者を入社させていましたから、いわば余り者を入社させたわけです。苦労人で緻密な初代社長の今村源三郎氏はわたしを二回面接したうえで、入社を許可しました。しかも破格の給料でです。似た出版物を出すポプラ社に一二年在社したためか、別の小さな社から編集長の口がかかっていたことがあってのことか、分かりません。幸運でした。

当面は〈子どもノンフィクション〉シリーズを担当させて値踏みをしたうえで、〈創作児童文学〉という、小学高学年以上向けのシリーズの発足、担当を命じました。高学年ものは売れないから、必ずいい作品を出すように、最初の刊行はシリーズを自立させるため二点同時に刊行せよ、これを厳守せよというものです。

たしかに当時の児童文学は今などよりはるかに日が当たっていました。新潮社のような社まで、関係する作家に児童ものを要請していたくらいですから。ところが担当になったわたしはといえば、童話も、少女小説も関心がなく、というより少し軽くみていて、読んだこともない不勉強ですから慌てざるを得ません。泥縄でいそいで既刊の著名な作品を読み、これはと思う方がたへ原稿お願いに回りましたがどっこい、世の中そう甘くはありません。

どの作家も会ってはくれますが、注文を二つ三つかかえて、忙しいの連発です。あるいは、少女小説や少年伝記ものばかり出していた社になにができるかと、興味を持って傍観していたことでしょう。成果を見てやろうというのが本音だったかと思います。それでもなんとか執筆してくださる方があり、七〇年夏には、岩崎京子、那須田稔《なすだみのる》のお二方から出発し、暮れ近くに出した砂田弘《すなだひろし》『さらばハイウェイ』が翌年、最初の日本児童文学者協会賞を射止め、七一年春に駆け込みで出した宮川ひろ『春駒《はるこま》のうた』が、読者感想文課題図書になりました。望外の成績は以後もつづきます。

日本児童文学者協会へ接近して、その創立二五年記念の〈子どもの文学傑作選〉という全九巻のシリーズも出しました。初級、中級、上級各三巻のものです。そこで知ったことの一つは、ありのままいえば、意外な作家層の薄さでした。新人の発見が急務でした。

内容も、当時さかんだった戦争体験ものやそれに関連する反戦思想以外の開拓の必要です。民話の世界はどうだろうかと思い立ちました。児童文学者協会と提携してのシリーズを提案し、協力を求めることにしました。雑誌『日本児童文学』に創作民話の内容を提示して原稿を募集です。印税の一部を別途協会へ支払うというものです。選考委員にはその方面の第一人者、大川《おおかわ》悦生《えっせい》、斎藤《さいとう》隆介《りゅうすけ》、鳥越《とりごえ》信《しん》、松谷みよ子の四氏が決まりました。じつはこの方がたこそ、執筆をお願いしたい方がたでもありました。

おおいに成果を期待したのですが、結果から申しますと、内容説明の不足もありますがまったくの失敗。成果は0《ゼロ》でした。一八〇枚の重さもありましょうが、従来の民話と同様の内容、あるいは語り口もなにもない単なる童話作品。とても選考委員の目を通すまでもない作品ばかりです。再度募集した結果も同様ですから、ほとんど絶望的でした。

しかし委員の先生方も、そのへんは考慮されており、公募の一方で、これはと思われる作家に依頼の手を回してくださっていました。あるいはこちらに期待されたことでしょうか。

その最初の作品が岸武雄『炭焼きの辰《たつ》』でした。斎藤委員推薦のこの方は、岐阜大学附属小学校の実質校長であり、宝暦治水として有名な薩摩《さつま》藩士の業績を

『千本松原』（あかね書房）から出版したばかりの人です。六八歳の炭焼き辰五郎が、孫たちに語ってきかせる一代記です。炭焼きといういまは廃れた職業の内容はもちろん、新婚から不況の時代、戦時、戦災の体験からにじみ出る平和の願いまで、まことに行きとどいた語り口なのです。加えて絵の高橋國利さんも、斎藤さんの推薦の方で、ユニークな絵が少し幅の広い変形判のシリーズを引き立て、上々のスタートです。

次の松谷みよ子『木やりをうたうきつね』は、これこそ狙いの編集委員の作品です。著者が全国をまわって見聞した話が、独特のみごとな文章でつづられた、いってみれば新しい『遠野物語』のおもむきの作品です。たしか日教組の機関誌に連載されたものです。

この二点が七一年の刊行。つぎの七二年の刊行が吉田タキノ『また来た万六』。これも依頼原稿によるものです。こんどの東日本大震災の被災地である岩手県、三陸地方の江戸時代末期に起こった大一揆。その首謀者のひとり万六にまつわる物語でした。いってみればこれは内容そのものが民話の題材でした。これも編集委員からの依頼原稿によるものです。

しかしここまででした。あとはちょっと息切れしてしまったのです。わたしも本筋の創作文学シリーズに力を注ぐことになります。この七二年には関英雄『小さい心の旅』が、日本児童者協会賞、赤い鳥文学賞、サンケイ児童文学賞を受賞しました。もう原稿は切れることなく集まるようになり、継続こそ力なりを実感しはじめていました。

さて創作民話の次の作品、そして最後になったのは鈴木《すずき》喜代春《きよはる》『十三湖のばば』でした。青森県津軽地方の、車力《しゃりき》村の腰まで漬かる深田に生きたおばあさんの、苦労の物語です。じつはこの原稿は、前記編集委員からのアドバイスもあり、改稿に手間がかかったのでした。しかしその結果はじつにしっかりした作品に結晶して、みごと読書感想文課題図書となりましたし、その後もながく売れる本となりました。

このシリーズも、最後に、大きな花が咲いたといえるかもしれません。著者、編集委員各位のご尽力に、あらためて感謝申し上げる次第です。

さらにここへ、番外となった一冊を付け加えさせていただきたいと思います。安藤美紀夫『でんでんむしの競馬』という作品です。この作品も本来は創作民話に依頼応募されたものなのですが、内容、著述法がふさわしくないとのことで編集委員段階で採用にならなかったものでした。

中国での戦争がはじまっていた京都の町はずれ、貧しい子どもたちが主人公の短編六編から成るものです。悪たれの少年少女はそれなりに生きることに執着し、がんばるのですが成功するかにみえて夢は常に、失敗に終わるのです。いわばリアリズムとファンタジーのからみ合う世界なのです。その内容、文章に惚れ込んだわたしは創作文学へ転用したいと思い、安藤さんに更に二編の追加執筆をお願いします。一八〇枚から二四〇枚へです。

当時安藤さんは北海道の高校教諭から日本女子大教授への栄転が決まり、転居や送別会、新居探しと多忙をきわめていましたが、期待に応えてくださいました。七二年八月刊行されたこの本は、日本児童文学者協会賞、赤い鳥文学賞、サンケイ児童出版文化賞、野間児童文芸賞、厚生省児童福祉文化奨励賞の五賞受賞の空前絶後の作品となりました。創作民話シリーズの余慶であります。

わたしが得意になって「社長、また受賞しました！」というとき、今村社長は「ああよかったね。しかし売れないことに変わりはない」と、わたしのいい本に対して、出版の厳しさを言外に教えてくれていたのでした。

エッセイ

文庫活動の楽しさ

野田和恵

私達は、児童文学作家・岩崎京子先生が主宰していらっしゃる「子どもの本の家」で、お手伝いをしているおばさんです。烏山《からすやま》中学PTAで読書会をしていた仲間が、三六年前岩崎先生に誘っていただき文庫活動に参加しました。今も変わらぬメンバー九名で、毎週水曜日午後二時から四時まで活動しています。

烏山には公共図書館がなかったので、一九七五年文庫が始まった年の夏は、なんと、三三七名の子どもが文庫に押し寄せて来ました。この実状を訴えて図書館運動に繋ぎ、四年後（一九七九年）に烏山に公共図書館が設立され、児童書と児童室も備えて開館しました。おかげで「本の家」は子どもの数が減り、本来の文庫活動ができるようになりました。

この頃から個人カード一〇枚になった人に、文庫から「ごほうびの本」をプレゼントすることを決めました。個人カード一枚に二七冊の本の名前が書けます。それが一〇枚なのです。二七〇冊の本を読まなければ、「ごほうび」はいただけないのです。文庫が始まったばかりの頃は、蔵書数が少なかったので、一人一冊ずつしか本を借りることができませんでした。しばらくして二冊ずつ借りることができるようになり、文庫がはじまって四年が過ぎてから、やっと四冊ずつ借りることができるようになったのですから、毎週、欠かさず文庫に通わないと、カード一〇枚には、なかなかなれません。すごいですよね、二七〇冊です。子どもの時にこれだけの数の、本を読んだか、読まなかったかで、その人の生き方に違いが出てくるのではないかしら？　とさえ、私は思いました。

一ばんはじめに「ごほうび」をいただいた子は七人もいました。その中の一人英史くんのカードを見た時、先生をはじめ、おばさん達は吃驚《びっくり》しました。英史くんは文庫が始まった最初から来ていました。二年生で、かなりのやんちゃ坊主くんでした。それが今では、文庫一の読書家になっていたのです。おばさん達は、「何で?」「どうして！」と不思議がりました。

読んでいた本のジャンルが、ぐんぐん、あがっているのです。四年生になった時は『夜のかげぼうし（宮川ひろ）』『佐藤さとる全集』『後藤竜二の本』、五年生で『ツバメ号とアマゾン号（アーサー・ランサム）』『次郎物語（下村湖人）』。その後、六年生になると『天の園（打木村治）』全六冊だったと思います。岩崎先生は、次に英史くんが借りる本を大急ぎで調達してくださいました。

『大地の園（打木村治）』（偕成社）第一部～第四部・四冊。かなり分厚い本です。六年生で読み始めて、中一まで、この本を読み終えるまで英史くんは文庫に通って来ました。鳥山中学に入った英史くんは図書委員になったそうです。

一九八五年、文庫が始まって一〇年がたちました。私達は一〇周年記念誌をつくりました。その時高校三年生になっていた英史くんが、「文庫十周年によせて」という一文を書いてくれました。その一部を引用させていただきます。

――僕は、子どもに本を読む機会があれば、どの子も本を読むのではないかと思います。僕にとって本を読むきっかけとなったのは、この文庫に来てからで、それからは今思うと、本当にいろいろな本に出会ったと思います。

最後に、毎週毎週、文庫を開くというのはとても大へんだと思いますが、これからも、ぜひ、ずっと続いてほしいと思います。――

私達はこれを読んで背中を押され、「十年一日」のごとく、楽しんで文庫活動を続けて来ました。

一九九五年、二〇周年です。この頃は、子どもの数がすっかり減り、五〇名くらいしか文庫に来なくなりました。文庫が始まったばかりの頃、ここへ通って来た子ども達は、もう立派な社会人です。お手伝いのおばさん達は、何をするにも、みんなめがねに頼るようになってしまいましたが、今、成長過程にある子ども達が毎週水曜日に「こんにちは」とやってくる限り、先生も、私達も「よい本を子ども達に」「読書の楽しさを」と願いながら本を手渡し続けようと思っているのです。

二〇〇五年、三〇周年目がやって来て、子どもの利用者数はいっそう少なくなりました。平均二〇名前後です。「塾だ」「おけい古だ」「スポーツだ」とみんな忙しくて、本の貸出を受けると急いで帰って行きます。

楽しんで遊んで行くのは幼い児ばかりです。若いママ達は子どもを一時《いっとき》、ここで遊ばせてホットしているようです。

二〇〇六年に岩崎先生はお庭のプレハブを新しく建て替えてくださいました。しかも、もう一棟、増やして二棟新築したのです。経費は全額ご負担になり、かなりの出費でしょうと思いますが、何もかも先生におんぶしての文庫活動なのです。苦労なしの活動です。

私は、新しいお部屋で遊んでいる子ども達に「ご本読もうか」と声をかけて、『めがねうさぎ（せなけいこ作・絵）』（ポプラ社）を読みました。すぐ寄って来て聞いてくれる四、五人の幼い子の中に一人だけ、うろうろと立ち歩いていて、聞いているのかいないのかわからない子がいました。かまわずに読みつづけていましたら、ちょっとした拍子に本の世界に入り込んだのでしょう、座り込んで聞いています。そのうち、だんだん近寄って来て、いつのまにか、私の膝に手を置いているのです。他の子に遠慮するでもなく、気がついたら読み手の私の胸に這いあがって来て、読みずらいので片手で抱きかかえると、自分で居住まいを正して、ちゃっかり私の膝の上に座り、特等席で絵をみながら聞いているのです。私は思わず「やった！」と思いました。うれしいことでした。

この写真（一〇一頁参照）は幼稚園児に文庫で『かたあしだちょうのエルフ（ぶん・え・おのきがく）』（ポプラ社）を読んだ時のものです。「あっ！　このお話、知ってる！　幼稚園で読んでもらった！」と言いながら私の周りに座りました。

知っているお話でも子どもは、何回でも喜んできいてくれます。まして知らなかった子はいっしょうけんめい聞いてくれます。この時ばかりは、幼い男児と本の世界で一体となって、時間と空間を共有できて楽しいものです。

今年二〇一一年は、文庫が始まって三六年になります。最近小学校のポップ（学童保育）から依頼があって、月一回、読み聞かせの出前に出かけます。岩崎先生とお手伝いのおばさんが二、三名、交代で読みに行きます。低学年が多いようですが、未就学児と異なり流石《さすが》小学生、真剣に聞き、反応も面白く楽しいです。読み終えると、「わたしも自分で読んでみたいので、この本、貸してください」という子がいました。嬉しい楽しいことの一つです。

「今文庫一の読書家は誰かしらね」とおばさん達が話していました。私は中学一年生の真子ちゃんかなと思っています。この間『エイジ（重松清）』（朝日新聞社）を読んでいました。彼女の真似をして私も新潮社文庫版で読んでみました。自分が八〇歳に近いおばあさんだということも忘れて読みました。「エイジ」みたいな中学生が本当に身近にいたらいいのにな！　って思いました。読書って、自由で楽しいものだと思いました。

岩崎先生は、「この先文庫が、本のある遊び場でいい」といってくださいます。私達はそうなってもきっと伺うでしょう。今まで通り楽しみながら九人のメンバーでお手伝いを続けて行きたいと思う楽しい場所です。大人の絵本も、赤ちゃんの絵本も、創作児童文学も、沢山の本がぎっしり並んでいて、蔵書数六〇〇〇冊なのです。昔ばなしの本もあります。

活動といっても文庫で遊んでいるのです。

エッセイ

昔ばなしを子ども達に語って

山路愛子

「夕鶴の里」全景

わたしは小さい時から、祖母の「むかし」を聞いて大きくなったような気がします。

学校にも行かなかった明治の女は、読み書きはしなかったが、「むかし」をたくさん知っていました。

針仕事をしながら、孫達に「むかし」を語るというのが、祖母にも孫達にも至福の時だったのではないでしょうか。

「おっ母《か》さ、そげな（そんな）むずかしい話、おぼご達《だ》さは分がんねべ（子ども達には、理解できないだろう）」

と、父が横口を入れると、祖母はきまって、

「みな分がってる。心配すんな」

と、笑っていたものでした。それが又、孫達の気をよくしていたのでしょうか、あれこれとリクエストしては、話のレパートリーを増やしていったものと思われます。

保育園の日課に「おひるねの時間」がありました。昼食後のひととき、ホールにゴザを敷いて、めいめいの布団を並べ、一時間位、静かな時間を過ごすのです。

その用意ができたところで紙芝居を始めるのですが、子ども達の目が輝きだすと、どうも次の「おやす

みなさい」に、スムーズな移行ができなくなります。

こんなことがあって、その「むかし」が出番を得るようになりました。

毎日のように一つ、二つと語られる「むかし」は、その昔、わたしが、祖母から聞いていたそれのように、耳を通して夢の国の扉を開けるのに不自由しなかったような気がします。


幸せなことに、わたしが保育園を退職した翌年、南陽市に、民話伝承館「夕鶴の里」(一〇五頁写真)がオープンし、民話会「ゆうづる」の仲間が活動を始めました。

来館者への口演の他に老人会や幼児施設、小・中学校まで、出前口演の幅が広がりました。

「学校でも話さなくなった方言が、子ども達に理解できるはずがない」

と敬遠していた若いお母さん達も、「むかし」の中の方言を容認してくれるようになりましたし、最近は、子ども達の〝語り部志望〟が増えて、養成講座が活気づき、堂々と口演する子も出てきました。

内容であれ、話の長短であれ、子ども達に語る「むかし」は、「大人に対してのそれよりやさしいもの」とかいう気遣いは要らないと思います。


「夕鶴の里」には、(お客様のご要望にもよりますが)毎回語られる「つるの恩返し」があります。これは「鶴布山珍蔵寺《かくふざんちんぞうじ》」の開山縁起として伝わっている話ですが、これとは別に、子ども達の大好きな「五兵衛と天狗様」の舞台になる「天頂山」や「お羽黒山」は、「夕鶴の里」のちょうど北側に見えるのに、今は訪れる人もいないようですし、「丸上の酒やさん」も、ほとんど忘れられた存在になりました。

村を支えていた養蚕、製糸業は衰退し、平成の合併もあって、まちの名前さえ二転三転しました。

ここ半世紀ぐらいのうちに、世情は一変しました。

このように移り変わりのはげしい時にあって、「夕鶴の里」は、ほんとうに貴重な存在だと思っています。

地域の先達によって語り継がれた「むかし」と、武田正先生達がその昔、重いテープレコーダーをかついで、置賜《おきたま》一円(山形県)で採話してくださった「むかし」も合わせ、わたし達を楽しませ、勇気づけてくれていることは、ありがたいことです。

今、昔話を伝承することで、ふるさとの活性化に役立つよう、わたし達は心して活動を続けていかなければなりません。

北インドの昔話と子ども

坂田貞二

一　インドの言語と昔話

北インドの昔話と子どもについて、つぎの三つの視点から考えてみます。はじめに、昔話の語り手としての子どものこと。つぎに、昔話の主要登場人物としての子どものこと。そして、昔話と子どもたちを囲むいまの状況。

ここでは「子ども」を、中学を了《お》える一五歳くらいまでの人と想定します。

本題に入るまえに、インドに多数ある言葉のことを確かめておきましょう。インドではお札の金額が、ヒンディー語と英語を含めて一七の言語・文字で書かれています。多くの言語が話されているからです。

ヒンディー語は、インドの首都デリーとその周辺で話されている言葉をもとに形成され、北インド一帯に通用することから、憲法でインド連邦の公用語とされています。英語は多数の言語の仲介をする補助公用語です。

主な民族語を地域別に見ましょう。北インドではヒンディー語やウルドゥー語が、東インドではベンガル語やオリヤー語が、西インドではマラーティー語やグジャラーティー語が、そして南インドではタミル語やカンナダ語が話されています。これらの言葉で昔話が語られ、民謡が歌われ、文学作品が創られ伝えられています。ここに挙げた民族語で語られている昔話・民話は、A．K．ラーマヌジャン編の『インドの民話』に収められています。

なお、どの民族語にも多数の方言があって、昔話はそれぞれの方言で語られています。わたしは広いインドのなかで北インドのヒンディー語の昔話を主に研究していて、ヒンディー語の主な方言地帯五か所で採話しました。

インドの言語と筆者の採話地域

二　昔話の語り手としての子ども――一九七三年の台帳から

手許にカード式の昔話採話台帳があります。いまから三八年まえ、一九七三年八月二日から九月二一日までの六週間あまり、インドの首都デリーの北東八〇キロほどにあるサトワーイー村にわたしが住みこんで、昔話・民謡など二三三点を聴かせてもらい録音したときのものです。

おばあちゃんから昔話を聞く孫たち（サトワーイー村で）

その村には、その一〇年ほどまえの一九六三年に、方言調査のために一週間ほど住まわせてもらいました。そのとき、方言聴きとりの相手（インフォーマント）をしてくれた中年の農夫頭がある日、「行く」を「ジャーター」と言うか、「ジャッター」と言うかなど方言の発音はどうでもいいだろう、それより「ためになる話」を記録したらどうだと前おきして、子どもが地面の穴に毎日のように牛乳を注いでいたら、あるとき穴から蛇が出てきてお礼に金貨をくれたという昔話を語ってくれました。それでわたしは「昔話を聴くならあの人たちの村に行こう」と思いたって、サトワーイー村を再訪したのです（『北インドの昔語り』六、七頁）。

サトワーイー村は、インドの公用語としてのヒンディー語の基盤となった方言地帯にあります。そしてまえに方言調査もしましたので、村に入って子どもたちに道を案内してもらううちに、村の方言で日常のやりとりができるようになりました。そこが、三〇〇軒ほどに二五〇〇人くらいが住むコンパクトな村だったことも幸いして、村人がみなわたしを迎えてくれました。

さてサトワーイー村での採話は、寄遇させてもらった農家の三四歳の主婦の語りではじまりました。貧しい農家に息子が三人いました。旅に出た息子たらはそれぞれが力を発揮して幸運にも恵まれ、立派な王さまになりましたというストーリーでした。

主婦の語りを聴いていた七歳の四男が、「つぎはおいらだ」と意気込んで「宮廷でね」と語りはじめましたが、「うーん、えーっと……」とつかえてしまいました。

それから子どもたちは、大人の語りを熱心に聴くようになりました。採話の五日目には、つかえながらも女の子をふくめた何人かが語りました。そして一一日目にはついに、完全な語りをしてくれる子どもがふたり現われたのです。近所の一五歳の男の子が、畑仕事が上手なお百姓のターバンのうえに蛇がいるのをおかみさんが見て、棒の一撃ちで蛇を退治しました。それを見ていた近所のお百姓は、そうか、おかみさんに頭を叩かせると畑仕事が上手になるのだと思いこんで、みなが真似をしました、という笑い話を上手に語りました（「実りの多い秘法」＝『インドの笑話』九〇—九二頁）。

つぎに寄遇さきの一〇歳の三男が、「しっぽをつかまれた山犬」（『インドの昔話 上』五八—六二頁）を語りました。ところどころでつかえて、そばにいるお母さんに援《たす》けてもらっていましたが、話の展開の大事なところに韻文が入る見事な語りです。お百姓さんにお昼を届けに行くおかみさんを、草むらに隠れていた山犬が脅《おど》してお昼を横どりします。そうと知ったお百姓さんが翌日、おかみさんの身なりで草むらに近づくと山犬が出てきました。いつもの通りおかみさんだと思っていた山犬は、こう言います。「おれのしっぽをつかむがいいさ。おれはごちそうたっぷりくうぜ」。そこでお百姓さんは山犬のしっぽをぐいとつかむと、棒をふりあげてしっぽをたたき、山犬にこう言ってやりました。「おれのごちそう食うのなら、おまえのしっぽをちょん切るぞ」。山犬は命からがら逃げて行きました。

サトワーイーという農村で子どもたちが昔話を語ってくれた背景には、つぎのようなことがあるようです。

まず村には語り上手が何人もいて、子どもたちが昔話を身近な人たちから聴く機会に恵まれています。わたしがはじめてその村に方言調査に行ったときに、子どもがくれた牛乳に蛇がお礼をしたと語ってくれた中年の農夫頭、泊めていただいた家の奥さん、近所のおじさんやお兄さんも話し上手です。子どもたちは、そういう人たちの語りを聴きながら育ってきたのでしょう。

そして、村には蛇や山犬がいます。自然や動物とどうつきあうかは、子どもにとっても大切です。ですから暮らしの場の動物が登場する昔話が、子どもたちの語りの中心になります。初日に語りに挑戦した七歳の四男が六日目にも語ろうとしましたが、それは「駱駝《らくだ》と山犬」でした。動物昔話はどの文化圏でも比較的に短くて、子どもが覚えやすいようです。

さらに子どもたちは、当時の農村では珍しい録音機を持った日本人が村で聴いた話を日本語で翻訳・出版するというので、このさい自分も語ってみようと思ってばあちゃんや母さんから教わってきたようです。

三　昔話の語り手としての子ども——一九八一年の台帳から

つぎの昔話採話台帳は、一九八一年の八月三〇日と九月一日の二日間に、デリーの南一五〇キロほどのマトゥラー市の弁護士さん一家から三二話を聴かせていただいたときのものです。

庭でくつろぎながら昔話を語る人たち（マトゥラー市で）

家族構成は弁護士さんと奥さん、弁護士さんのご両親、弁護士さんご夫妻の息子さんと娘さんです。家族ではありませんが、お手伝いの中年女性もいっしょです。なお弁護士さんのお父さんは半身と言葉が不自由なので、耳を傾けていましたが、昔話を語ることはありませんでした。こうして七人が二日のあいだに三二話を語り聴かせてくれたのには、背景がありました。

弁護士さんのお姉さんが結婚して東インドのカルカッタ（現コルカタ）に住んでいるのですが、わたしが昔話を採話していると知って、「マトゥラー市に住む母は語り上手ですから訪ねてみては？」と奨《すす》めてくれ、ご実家に日本からの人が来たらよろしく、と連絡しておいてくれたのです。わたしが弁護士さんのお宅を訪ねたときには、何話かの粗筋のメモがありました。どういう話を語ろうかと、みんなで相談していたのでしょう。

その家ではじめに語ってくれたのは七四歳のおばあちゃん（弁護士さんのお母さん）です。「猿が一頭いてね、髪の毛の一本が金、もう一本が銀だったのだよ」と、聴き手がその場面を想いうかべられるように間合いをとっての語りです（『ヒンディー語民話集』一一一五頁）。

この家には二四歳の息子さんと一四歳の娘さんがいましたが、息子さんは昔話にあまり関心がないようでした。

娘さんは昔話をよく知っていて、つぎの五話を語ってくれました。

① ある人がお祈りしているところに幽霊が出てきたが、その人が一心にお祈りを続けたので幽霊は退散した。

② 村の貧しい家の子が、お祭りのときに神さまを讃えたのでご馳走をもらえた。

③ 気ままな王さまが季節外れの桜桃を望んだので、大臣の娘が鸚鵡《おうむ》たちの協力を得て桜桃を手に入れた。

④ 狩りに行ったさきで困った王さまを森の人が助けて、後日王さまから褒美をもらった。

⑤ 継母に追われて森に逃げた王子たちは、苦行に励んだおかげで幸せになった。

このように一四歳の女の子が語ってくれたなかで、語りが見事に完結していたのは③の「桜桃のご馳走」です（『ヒンディー語民話集』八一―八七頁）。

これが語られたのは、九月一日の後半です。八月三一日は一家の都合で採話をしませんでしたので、女の子はその日におばあちゃんとお母さんから習ったのでしょう。

ところで、マトゥラーの三二話で興味深いのは、六人が語る順序です。

はじめに七四歳のおばあちゃん、つぎに五一歳の息子（弁護士）さんがそれぞれ一話を語りました。母と息子のこういう交替が三回（六話）あったあとで、一四歳の孫娘がおずおずと「ある人がお祈りしているところに幽霊が出てきて……」と語りました。そのあと、また母と息子が一話ずつ語ったところで、四五歳のお嫁さん（弁護士さんの奥さん）が「蛇神さまのお祭り」の由来譚を語りました（『ヒンディー語民話集』四〇―四七頁）。それに続いて語ったのは二四歳の男孫で、旅で危機に瀕した青年が神を想念して救われるという話でしたが、語りの流れがよくありません。お手伝いの中年女性は、二日目、三二話の終わりから三番目に一話だけ語りました。学僧の奥さんに横恋慕した王さまが、学僧の奥さんに懲《こ》らしめられた、という話です。

おばあちゃん、息子（弁護士）、孫娘、息子の嫁、お手伝いさんという順序は、その家の人たちの地位・立場を見事に反映しているではありませんか。

ところで昔話の語り手としての子どもは、これまで紹介した二つのところで見たように、つぎのような条件に恵まれているようです。

第一は、まわりに語り上手がいて、子どもたちがいつも語りに親しんでいることです。サトワーイー村の語り上手のことはさきに述べました。加えて寄遇した家の主婦の六〇歳すぎのお母さんが、日本から昔話を聴きにきた人がいると聞いて、バスを乗りついで訪ねてきてくれました。その人は、語り上手の主婦の昔話の源泉であり、また幼い孫たちも「これはおばあちゃんから聴いたんだ」と嬉しそうに言っていました。じつはサトワーイー村で聴いた一〇話を収めた『北インドの昔語り』は、おばあちゃんによる五話と作男頭による五話から成っています。

マトゥラー市の家は、おばあちゃんの語りを息子さんと孫娘が継承し、息子さんの奥さんも実家でそういう伝承を持っていたうえに、その家でレパートリーを増やしているのでしょう。

第二は、子どもがうまく語れなくとも、まわりが細部を補いながら援けることでしょう。また子ども同士で競いあい励ましあって語ろうとする気持ちも大事でしょう。

四　昔話の主要登場人物としての子ども

子どもが昔話の主要な登場人物として現われる例に、これまでに紹介したなかではマトゥラーの一四歳の女の子が語ってくれた「桜桃のご馳走」があります。季節外れの桜桃を食べたいという王さまの無理な望みで大臣が困っているときに、娘が遠い山国から鸚鵡たちに桜桃を持ってきてもらったという話です。語り手の女の子は、大臣の娘と自分を重ねあわせていたでしょう。

わたしが採話し翻訳・出版したほかの昔話では、子どもがつぎのように主要人物として登場しています。

① 妃が亡くなって残された幼い兄と妹がいた。兄が継母に殺されたとき、妹は兄の骨を巡礼者に託して聖なるガンジス川に流してもらった。すると骨が鸚鵡になって城に戻り、やがて立派な王子の姿になったという「妹の力」＝『北インドの昔語り』七一―七七頁。

② 事情があって身重の妃が森で王子を生んだ。王子は成人して母を援けて父王の国にもどったという「森に生まれた王子」＝『北インドの昔語り』一九六―二〇三頁。

③ 貧しい家の子どもは、お供物を上げると神さまが姿を現して食べると信じていた。それにほ

だされたクリシュナ神さまが、小さな像から脱《ぬ》けだして等身大になりお供物を食べたという「お供物をたべた神さま」＝『インドのむかし話―天にのぼるベールの木ほか』三一―四〇頁。

④　信心深い商人の子どもが村の悪僧に殺されたが、そこにやってきた苦行僧が「これ、商人のむすこ、おきなさい！」と声をかけたら、息子がおきあがったという「生きかえったむすこ」＝『インドのむかし話―天にのぼるベールの木ほか』一六〇―一六九頁。

③と④は、ヒンドゥー教徒の聖地バナーラスの南五〇キロほどのジャーラールプル・マイダーン村で、一九八一年の夏と初冬に滞在して聴いた二〇〇話ほどに含まれています。

これら①から④はみな、大人が語ったものです。

インドの諸言語のサンプルを収め、英語で解説したグリアスン編の『インド言語調査』には、「銀貨か聖典か」という話があります。商人がお祭りのお祝いとして、店で働く人たちに「銀貨か聖典のどちらか欲しいほうを取りなさい」と言ったところ、一四歳の小僧さんが「字の読めないおっかさんに読んでやりたいので聖典をください」と受けとったところ、聖典から大きな金貨が一枚落ち、小僧さんは金貨ももらったとなっています（『インド・ネパール・スリランカの民話』六〇―六一頁）。これには語り手が示されていません。

これら子どもを主要人物とする六話は、理不尽に殺された子どもが周りからの援けで生きかえったというもの、国を追われたが立派な成人になって国にもどったというもの、無欲で母親思いの小僧さんが幸運に恵まれるというものなどであり、子どもは無垢《むく》で純心なことが前提になっているようです。

なお北インドの昔話には、子どもがもう少し成長した段階の人物、多くは農家の若者や王子・王女が自分の家や城を離れて冒険し、富と配偶者を得るというものが多々あります。そういうものが本格昔話の本流でしょう。

五　昔話と子どもたちを囲むいまの状況

ヒンディー語のいくつかの方言地域に住みこんで昔話を採話しているときに、あることに気づきました。一九七三年の夏にサトワーイー村にいたとき、村にほとんどなかったテレビが一九八一年に滞在したジャーラールプル・マイダーン村ではちらほら入りはじめていました。同じころ、サトワーイー村も同様でした。その一〇年ほど後に訪ねたジャーラールプル・マイダーン村では、テレビのアンテナが林立していました。

かつては暑い夏は木陰で、寒い冬は焚き火を囲んで人びとが輪になって語りあっていたのですが、テレビが入ると子どもも大人もそれに惹《ひ》かれるようになりました。よく訊《き》くと昔話を語れる人はいるのですが、それに耳を傾ける人が減っているのです。また結婚後も息子たちが両親と兄弟の家族と一つ屋根の下で暮らす拡大家族が少なくなり、核家族が多くなったのも若い人や子どもが昔話を聴き語る機会を少なくしているようです。

一方でヒンディー語はじめ民族語の言語教科書には、いくつかの昔話が載せられています。また書店にはインドの諸民族語と英語で書かれた昔話の絵本がたくさん並んでいます。古典インドの説話を子どものために書きなおした本・絵本も出まわっています。代表的なのは仏陀の前世の物語集『ジャータカ』、王子教育のために編まれた処世譚『パンチャタントラ（五巻の書）』などです。忘れられがちな語り文化を、文字文化が補いつつあるのです。
このような状況のもとでデリーに本部をもつつぎの三つの組織が、インドの多数の言語で創られる文学の相互交流と識字運動を推進し、昔話・説話の語り聴かせと絵本制作を普及させるために活動しています。

① 一九五四年に創立された国立文学アカデミー
② 一九五七年に創立されたナショナル・ブック・トラスト
③ 一九八八年に創立されたＮＰＯカター（おはなし）

テレビほかの娯楽手段と文字文化の普及、核家族化などの結果として昔話の語りの場が少なくなるなかで、諸組織による識字教育・語り聴かせ・絵本出版などの活動が、それをどこまで補い子ども文化を展開させられるかがいま問われているようです。

【引用・参照文献】

・坂田貞二編・訳『インド・ネパール・スリランカの民話』（八名の共訳）みくに出版、一九九八年。
・坂田貞二・前田式子『インドの昔話 上』春秋社、一九八三年。
・田中於莵弥・坂田貞二『インドの笑話』春秋社、一九八三年。
・A．K．ラーマヌジャン編『インドの民話』（中島　健訳）青土社、一九九三年。
・坂田貞二編・著『インドのむかし話―天にのぼるベールの木ほか』偕成社、一九八九年。

・坂田貞二編・著『北インドの昔語り』平河出版社、一九八一年。
・坂田貞二採録・訳注『ヒンディー語民話集』大学書林、一九九九年。

子どもの心を耕す昔話

清水美智子

一　刈谷市での読書相談から

愛知県刈谷《かりや》市に、「母と子の図書室」という名称の小さな図書室があります。母と子の図書室は昭和五一年（一九七六）、当時の文部省が日本全国に二〇〇箇所設置した公民館図書室です。この図書室は、本を貸し出すのみではなく、「絵本を通して、子どもの人間性を育《はぐく》む」ことを目的として開設されました。

初年度より読書相談員として三二年間、お母さん方の相談を受けてきました。相談の多くは、子どもを「人として温かい心の持ちぬしに育てたい。どのような絵本を読ませたらよいか」という内容が大半で、子どもを教養人に育てたいと願うお母さんの想いが満ちていました。

勤め始めたころの私は、文学として力のある作品を揃えておけば、子どもの人間性を育み相談に応じられると信じておりました。けれども一〇年、一五年と相談を受けているうちに、何か違和感を感じるようになり、文学的に優れた作品のみが子どもを人として成長させるのだろうかと思うようになりました。子ども達が何度も「読んで」とせがむ絵本の中にこそ、子どもをバックアップし、人としての賢さを育む力があるのではないかと考えるようになりました。

二　『かちかちやま』から『ちびっこひぐま』への発展

お話し会でフレーベル館の『かちかちやま』を読んだ時のことです。

この絵本では、はじめにウサギが家囲いに使う木を取りに行こうとクマを誘います。そしてウサギは、クマの背負っている薪に火をつけます。火傷をしたクマが、翌日藤山に出かけ藤蔓《ふじづる》を切っているウサギに、「昨日はひどい目にあわせたな」と詰め寄ります。するとウサギが、「藤山のウサギが、なんでカチカチ山のウサギのことなど知るもんか」ととぼけます。クマはウサギのことばを信じ込み、「ところで、藤蔓で何をするのだ」と聞きます。ウサギは、「昔の人は、藤蔓で手と足をくって山の上から転がると、火傷《やけど》や打ち傷のおまじないになると言っていたよ」と言います。クマはウサギに手と足をくってもらい崖《がけ》の上から転がり落ち、またひどい目にあいます。

クマは、次の日は蓼山《たでやま》で蓼みそを背中に塗られ、その次の日は舟を造っているウサギから、泥で舟を造ることを勧められます。ウサギは川の深みでクマの泥舟に自分の舟をぶつけ、おぼれて死んでしまったクマを引き上げ、人間の猟師小屋でクマ汁を作って食べてしまいます。ウサギは小屋にいた男の子に「父ちゃんと一緒に食え」と言い残し裏山に行きます。

クマの骨を食べひどい目にあった父親は、息子にウサギの居場所を問い詰めます。裏山で昼寝をしていたウサギを捕まえた父親は、息子に「枕元にある山刀を持って来い」と言いますが、息子は枕を持ってきます。次に、「まな板の上のすりこぎを持って来い」と言いますが、息子はまた聞き違えてまな板を持ってきます。父親は「ウサギをしっかり押さえつけておけ」と言いつけて、自分で取りに行きます。するとウサギが、「お前の母ちゃんの頭はどれほど大きいか」と聞きますので、これくらいと両手を離すとウサギは逃げて行ってしまいました。

　およそこのような話です。

　お話し会の終わった後で、五歳の男の子が、「クマがかわいそう」と言ってきました。

「そうね」と言いますと、

「どうして火をつけたの？」と聞きますので、「どうしてでしょうね」と聞き返しますと、

「弱虫だったからかなあ？」と言いました。「クマさんが弱虫に思えたの」と言いますと、「うん」とうなずきました。

　クマが気の毒でしかたがないようでした。

　そこで昔話ではないのですが、『ちびっこひぐま』（偕成社）を読んであげました。

　この物語は、ある日突然に帰らなくなった母熊を探しに、ヒグマの子どもが旅立ちます。子熊は食べ物の取り方が解りません。子熊はレミングやヘラジカや大きな雄のヒグマの縄張りから追いはらわれ、どこへ行っても食べ物を口にすることはできません。子熊は逃げまどった末、川に上ってきたサケを見つけます。けれども、目の前にいくらでもいるサケを捕まえることができません。何日も何日も挑戦し、やっとサケを捕まえることができるようになります。それから子熊はサケを食べて食べて食べまくり、たくましく立派なヒグマに成長していきました、という話です。

　男の子は嬉しそうに『ちびっこひぐま』を借りて行きました。

　定かではありませんが、この子は『かちかちやま』から自分の未熟さに不安を感じ取り、『ちびっこひぐま』から希望を読みとったのではないでしょうか。その後、お母さんから「何度も何度も『ちびっ

こひぐま』を読まされました」とお聞きしました。

三　『美女と野獣』に見る「ほんとうのお話」

昨年（二〇一〇）のことです。学生と『美女と野獣』の作品分析をしていました。学生が突然、びっくりしたような声で「姉さんがいるんですか」と言いました。耳を疑いました。学生に「あなたたちはどんな本で『美女と野獣』を読んだのですか？」と尋ねますと、アニメで観たと言うのです。

読者相談

今年（二〇一一）六八歳になりました私も、六〇年以上も前に母から『美女と野獣』を読んでもらいました。とても怖かった記憶があります。何度も読んでとねだった覚えはありません。それなのに何年経っても、二人の姉が生きたまま石に変えられる場面が鮮明な記憶として心に残っています。この物語から母は、「人を妬《ねた》む気持ちが強くて、意地の悪い心の持ち主が心を入れ替えることは奇跡のようなものだから、お姉さん達のようになってはいけませんよ」との願いを込めて真剣に読んでくれたのでしょう。母の強い思いが、幼かった私の心に教訓として伝わったのだと思います。

その後二〇数年がたち、私は娘達に『美女と野獣』を読んで聞かせました。さらに二〇数年がたち、孫にも『美女と野獣』を語って聞かせました。

そして昨年、「お姉さんがいるのですか」と言う学生のことばを聞いて思い出したのです。

当時五歳だった孫に『美女と野獣』を語って聞かせたとき、孫が「お婆ちゃんのお話は、私の知っているお話と違うわ」と言いました。その時は、幼児用に抄訳された作品を読んでもらったのだろうと思っていました。

お姉さんの登場しない物語では、呪いが解け人間の姿を取り戻した王子（野獣）と末娘（美女）が物語の結末で結婚式を挙げます。その時、妹の性格の良さを妬み意地悪を重ねてきた二人の姉に、妖精が「あなたたちは宮殿の入り口を守る石像におなりなさい。姿は石に変わっても、あなたたちはその気持ちを持ち続け、罰として妹の幸福を見守り続ける立会人となるのです。あなたたちが自分の過ちを認めて、後悔してはじめてまた人間のように生きることが許されるのです。しかし、あなたたちはずっと石像のままでいることでしょう。というのも、人を妬む気持ちが強くて意地の悪い心の持ち主が、心を入れ替えるということはめったに起こらない奇跡のようなことですからね」と言い渡します。

姉娘達が登場しなければ、このくだりは成立しません。

孫もアニメで『美女と野獣』を観ていたのでしょう。その後、孫は毎週土曜日になると私の語る『美女と野獣』を聞きに来ました。そして、五、六回目だったでしょうか、「お婆ちゃんのお話の方が本当のような気がする」と言いました。学生のことばを聞き、孫の言った「ほんとうのお話」の意味が、このときやっと解りました。昔話は五歳の子どもにも文学としての力がある作品か、そうでないかを解らせる力があるということだと思います。

そして四〇年ほど前、私が娘に読み聞かせるために購入した佑学社の『美女と野獣』を読んだ時のことです。なんだかとても心がざわつきました。心の中に残っている『美女と野獣』の話は怖かったけれど、もっと救いがあった。もっと安心できる結末だった。そんな記憶がありました。そこで名古屋市にあります子どもの本専門店に頼んで、新書館の『美女と野獣』を取り寄せてもらいました。そこには「高慢さ、怒りっぽさ、意地ぎたなさ、なまけ癖は直せるけれども、人を妬む気持ちが強くて……」と書かれていたのです。高慢さ、怒りっぽさ、意地ぎたなさ、なまけ癖を直せば、人を妬む気持ちや意地の悪い心がそれほど強くはならないと思われませんか。新書館の『美女と野獣』には、可能性を残した救いの形が二重の構成としてしかけられていたのです。

母から娘に読み聞かせられた昔話が四代にわたって語り継がれる中で、そのつど起こる物語の不自然さは記憶という修正力が働き、語り手が伝えたいと願う教育性は揺らぐことなく伝わっていきます。それが時代を超えて伝えられていく昔話の持つ確かさだと思いました。

四　『鬼ぞろぞろ』をめぐる子ども達の話し合い

また、母と子の図書室に勤務していた時のことです。

五年生の女の子三人が『鬼ぞろぞろ』（偕成社）を前にして話し合っていました。「鬼って何だと思う?」と話しているのです。大好きな絵本でしたので、「その絵本の説明をさせて」と頼みますと、素

『鬼ぞろぞろ』表紙

直に「はい」とうなずいてくれました。そこで『今昔物語』にある「穏形の男、六角堂の観音の助けに依りて身を顕《あらわ》せる話」と、比較させながら解釈を加えますと、「おもしろ～い」「絵本の絵って、一つ一つに意味があるんですね～」と、興味を持ってくれました。そこで「鬼の唾《つば》って何だろうね。人の姿を消してしまえる唾って」と、問いかけてみました。すると、

「鬼の唾って赤いの？」と聞いてきました。

「今昔物語には唾の色までは書いてないから、赤羽《あかば》末吉《すえきち》さんが赤い唾にしたんでしょうね。でも、赤羽さんはどうして赤い唾にしたんでしょうね」と水を向けてみました。

　しばらく考えていた一人の子が「いじめ」と、つぶやいたのです。そして、「『あなたの顔なんか見たくないわ。どこかに行っちゃいなさいよ』って、みんなの前で言われたら、その場から消えてしまいたいと思う」と言ったのです。思いもよらない発想でした。

「そうよ、そうよ。鬼っていやらしい子たちのことよ」と他の子も同調し始めました。

「鬼って、今の時代にもいるってこと？」

「いるわよね。一人じゃ何にもできないから、集団で嫌がらせをする子たち」

　絵本の中でも二人の鬼が、若者につばを吐きかけています。

「いじめっ子って、一人ではいじめないの？」

「そうよね」と、三人で確認しています。

「いじめっ子も辛さを抱えているということ？」と尋ねると　何にも言わないで考え込んでしまいました。

「そうだと思う……」、自信なさげに言いました。

「あまり、そんなふうに考えなかったけれど、そうだと思う」、だんだん声に力がなくなってきました。

「姿が消えてしまった男の人は勇気を振り絞って鬼に立ち向かい、自分の力で姿を取り戻したけれど、鬼になってしまったいじめっ子たちは、どうしたら人間の心を取り戻せるのでしょうね？」と聞いてみました。しばらく考えていましたが、

「もう帰らなくっちゃ」と言って帰ってしまいました。少し介入しすぎたようです。

子ども達が物語に描かれた内容を話し合い、自分たちの問題として取り込んでいく現場に少しだけ立ち会えた気がしました。

五　「対話的ブックトーク」の実践

物語を読み聞かせたあとで子ども達とおしゃべりをしていると、自分の気持ちや自分の考えをうまく伝えることができずに戸惑っている様子が見受けられます。かつては子どもの聞く力や話す力は、大人になるまでに家庭や遊びの中で身についていくものと考えられていました。しかし、今という時代は遊びの場においても、日常生活の場においてもコミュニケーションの不要なシステムを発達させてきました。自動○○機の発達は子ども達がことばによる人とのかかわりを学ぶ機会を喪失させているように思

います。先進国はコミュニケーションの不要な社会を作り上げてきたようです。いかにメールなど便利な通信機器があったとしても、必要な時に必要な会話ができることは集団生活において欠くことのできない意志表示の大切な手段です。再度丁寧に子どもに話し方を教えていく必要があると思います。

そこで『鬼ぞろぞろ』の絵本を媒介として、子どもが自分で話し合いを深めていったように、子どもの考えるきっかけになればと思い、「対話的ブックトーク」の手法を考えてみました。聞きなれない名称だと思いますが、子どもが絵本を媒介として話し合うブックトークの形式です。

絵本を数冊取り揃え、テーマを決めて話し合う中で考えを深め、さらに、人の意見を注意深く聞き取る力や自分の考えを整理して伝える力を培うことを目的としました。

語彙力の乏しい子ども達が話の内容を正確に把握し、筋道を立てて考え、自分の考えを具体的に話す力を育むために、絵本の絵をヒントにテーマを深めていく、ブックコミュニケーションを「対話的ブックトーク」と名付けました。

実践例を紹介します。昔話絵本を媒介としてテーマを「こんなときどうしますか」とした場合、扱う絵本は次のようなものを用意します。

一、『わらしべちょうじゃ』（ポプラ社）
二、『おこめのひみつ』（世界文化社）
三、『金のさかな』（偕成社）
四、『うらしまたろう』（福音館書店）

『わらしべちょうじゃ』を冒頭から読み始めます。貧乏な男が観音様に人生が好転するように願をかけます。すると、観音様が「なんであろうとつかんだものはなすな」と告げます。男は一本のわらしべをつかみます。目の前に飛んできたアブを捕まえてわらしべにくくりつけました。すると、男の子がわらしべがほしいと駄々をこねます。

「あなただったらどうしますか。観音様がつかんだものは放すなと言いました。男の子にわらしべをあげますか。どうしますか」と問いかけていきます。

このとき子どもから「わらしべってなんですか」と聞かれることを予測して、わらしべの説明のために『おこめのひみつ』を用意しておきます。

そして、わらしべを男の子にあげるかどうか意見を求めます。説得力のある意見が発言されても、「良い意見ですね。その他の意見はありますか」と、他の意見を導き出すように誘導します。

さまざまな意見が十分に出たところで、話を先に進めます。わらしべとみかんを交換した男がみかんを食べようとすると、「のどが渇いて死にそうだからみかんをくれ」と呉服屋が来ます。

そこでまた、「あなただったらどうしますか」と水を向けていきます。その繰り返しから、およそ結末の予測に近づいてきたところで、『金のさかな』に移ります。おじいさんとおばあさんのやり取りの一つ一つを「こんなときどうしますか」と繰り返し、おじいさんの行動から、子ども達がどのような考えを導き出すか話し合いを深めていきます。

最後に『うらしまたろう』が玉手箱を開くところで、「あなたが小学校一年生の夏休みに外国の学校に転校し、中学生の夏休みに日本の元いた学校に帰って来たとします。クラスメイトの顔も名前も思い出せません。自分も覚えていてもらえませんでした。そんなとき、あなただったらどうしますか」と問いかけていきます。

およそこのようなやりかたを「対話的ブックトーク」と言います。

六 「対話的ブックトーク」の目的など

「対話的ブックトーク」には子ども達に育ってほしいと願う目的が三つあります。

一つ目は、子どもが、テーマにかかわるさまざまな情報をもとに、考えを整理していくための聴き取る力を身につけること。

二つ目は、人の話を最後まで聞き内容を正確に把握したうえで、自分なりの考えを導き出す力を育むこと。

そして三つ目に、伝えたい事柄を明確にし、話したい内容が相手にわかるように具体的に話す力を育むこと。以上の三点です。

絵本をバックアップとする話し合いでは、子どもが『鬼ぞろぞろ』で見せたように、絵本に描かれた絵が話し合いの導き手となり、話し合いが広がっていきます。

多くの意見が共有できる話し合いからは、それぞれの意見をヒントとして自分の考えを深めることができるようになっていきます。

一方的に提供される情報と異なり、話し合いの中から多面的に導き出された考えは、印象深く記憶に残ると思われます。

さまざまなテーマの話し合いから記憶された多くの情報は、その後、考えを導き出すときにつながり合って筋道を整える力となっていきます。

さらに、「対話的ブックトーク」を始める前に、子どもたちとルールの約束をしておきます。

一、他の人が話している時は、その人の話を注意深く聞きましょう。
二、他の人の意見を参考にして、自分の考えを深めることも大切にしよう。
三、一生懸命に考えたことは、自信がなくても勇気をもって発言しよう。
四、自分で考えた意見は、だれからも笑われることはありません。周りの人も笑ってはいけません。

ルールにのっとった話し合いの経験が、あらゆる場所でのコミュニケーションのマナーの基礎を培います。そして、子どもたちが安心して発言できる場を保証します。

「対話的ブックトーク」は、知識優先の教えられる教育から自ら考え自ら学ぶ教育へ、覚える教育から考える教育への試みです。

子どもを教養人として育てたいと願うお母さんの想いが叶《かな》うように、そして、「人として温かい心の持ちぬしに育つ」ことを願って、子どもたちと絵本をつなぐ、「語り」と「読み聞かせ」と「対話的ブックトーク」の三つの手段を現場で実践してきました。

子どもたちが「読んで」と持って来る絵本から、ほんとうに賢い子どもに育つためのバックアップの形を探り、子どもの心に絵本を届ける活動を実践しています。

【扱った絵本】

・関敬吾・監修文、梅田俊作・絵『かちかちやま』フレーベル館、一九七七年。
・ジョン・ショウエンヘール作、工藤直子訳『ちびっこひぐま』偕成社、一九九三年。
・舟崎克彦・文、赤羽末吉・絵『鬼ぞろぞろ』偕成社、一九七八年。
・ルプランス・ド・ボーモン作、ルジェック・マニャーセック絵、小林佳世子訳『美女と野獣』佑学社、一九七九年。
・ルプランス・ド・ボーモン作、巌谷国士訳『美女と野獣』新書館、一九八一年。
・西郷竹彦・文、佐藤忠良・絵『わらしべちょうじゃ』ポプラ社、一九六八年。
・榎本功・写真『おこめのひみつ』世界文化社、二〇〇五年。
・A・プーシキン作、松谷さやか訳、V・ワシーリエフ絵『金のさかな』偕成社、二〇〇三年。
・時田史郎・再話、秋野不矩・画『うらしまたろう』福音館書店、一九七二年。

昔話採集と国語教育

田中瑩一

一　平成二三年版国語教科書の昔話教材

新しい国語科学習指導要領には指導内容として「伝統的な言語文化に関する事項」が加えられ、小学校一、二年では「昔話や神話・伝承などの本や文章の読み聞かせを聞いたり、発表し合ったりすること」と示されています。本来「語り—聞く」言語生活を通して伝承されてきたものですから、「読み聞かせ」より「語り聞かせ」を重視して、せめて記述順を逆に「昔話や神話・伝承などの語り聞かせを聞いたり、語り合ったり、それらの本や文章の読み聞かせを聞いたりすること」とあってほしかったところです。

この学習指導要領にもとづいて編集された平成二三年（二〇一一）版の小学校用国語教科書を見ると案の定、昔話や神話の読み聞かせ教材が並んでいます。たとえば光村図書版は、一年生用の下巻に、昔話「まのいいりょうし」の四場面の絵を掲げ、「せんせいによんでもらってむかしばなしをたのしみましょう」と指示しています。読み聞かせ用の本文として巻末に掲げられているのは、稲田和子・筒井悦子による再話作品です。以下二年生用では「いなばのしろうさぎ」（中川李枝子再話）、「三まいのおふだ」（瀬田貞二再話）が同様に掲げられています。東京書籍版は一年生用の下巻に「桃太郎」「さるかに」「浦島太郎」「花咲爺」の挿絵を掲げ、「むかしばなしを先生によんでもらいましょう」と指示しています。読み聞かせ用の本文として巻末に掲げられているのは、松谷みよ子による「花咲爺」の再話作品です。

　これまでは、再話作品を読みの教材として提出するのが国語教科書一般の昔話の扱い方でした。それを読みの教材としてでなく、読み聞かせの教材として位置づけたところが新しいわけですが、今一歩進めて、「せんせいにお話ししてもらってむかしばなしをたのしみましょう」とすることは出来なかったのでしょうか。昔話を自分の言葉で語ることの出来る教師が今日どれだけあるか、という危惧はもっともですが、作家の手になる、ととのった再話作品の読み聞かせよりも、ぎこちなくても目前の語り手（先生）自身の言葉による語り聞かせが大切、という考えが普及すれば、その危惧は克服できます。

　今日、昔話といえば昔話絵本の読み聞かせか、さもなくば「語り部」の語りを通して伝えられるものになって来つつあることは悲しいことです。昔話は本来、素朴で、むしろ稚拙で、映像はもちろん、文芸的な言い回しなどもない、対面する身近の人（家族など）の日常的な語りに、相づちを打ちながら聞き浸《ひた》ることを通して享受されるものだったはずです。それがこの頃ではステージの出し物になってしまいました。

　もちろん指導要領の解説書も指摘するように、「長い歴史の中で口承だけでなく筆記された書物として、現在に引き継がれてきたもの」であることは事実ですし、再話や語り部の表現を通すことで練られてきた一面もありますから、読み聞かせはそれとして意味あることです。しかし、今はもう使うこともまれになった方言によらなければ昔話でないというような先入観はぬぐい去って、もっと日常の言葉で「語り—聞く」中で楽しまれるようにならなければなりません。

もっとも、新しい教科書には「語り」に誘う教材化の工夫も見られます。たとえば光村図書版の一年下巻には「むかしばなしがいっぱい」という絵教材があります。「桃太郎」「笠地蔵」ほかの挿絵を掲げ、「えの中から、しっているおはなしをみつけて、ともだちとはなしましょう」と指示しています。指導要領のいう「発表し合ったりすること」に対応したものでしょうが、ここから教師の語りを聞く活動に展開することが十分に期待されます。

また、東京書籍版の一年下巻では読み聞かせ文例として掲げられているのが「花咲爺」だけですので、そのほかの「桃太郎」や「さるかに」などについては先生から語り聞かせてもらうことになるでしょう。また同社版の二年上巻には「神話には、たとえば、つぎのようなものがあります」として、「因幡《いなば》の白兎」「八岐大蛇《やまたのおろち》」ほかの語り出し部分だけが掲げられています。省略された部分を含めて、話の全体は先生からの語り聞かせにゆだねられているものと見られます。

二　明治以来の国語教科書の昔話教材

ところで、昔話の右のような形の教材化は明治期の国語教科書ではごく普通に見られたものでした。たとえば明治三三年（一九〇〇）――この年我が国では初めて教科としての「国語科」が成立しています――に刊行された『國語讀本尋常小學校用』（坪内雄藏著）巻一には図版1のような教材がありましたし、『尋常國語讀本』甲種（金港堂編）巻一には、図版2のような教材がありました。「舌切り雀」や「花咲爺」の昔話を教師が語り聞かせたり、児童が語り合ったりする中で単語や文型の学習が進められるよう意図されていたものと見られます。

図版１　『國語讀本尋常小學校用』巻１

図版２　『尋常國語讀本』甲種巻１

また、『尋常國語讀本』甲種巻二には、第四教材に「たろーのはなし」と題して次のような教材がありました。以下、原文は分かち書きで、一文ごとに改行されていますが、読みやすく改めて引用します。

あるいへに、かはれてゐるすゞめが、のりをなめました。わるいばゞが、そのすゞめのしたをきって、にがしました。よいぢゞが、すゞめのやどを、たづねてゆきました。すゞめが、たいそーよろこんで、ぢゞに、ごちそーをしたうへに、たからものをいれてあるつゞらをくれました。わるいばゞが、またすゞめをたづねてゆき、つゞらをもらってきて、あけてみるとこはいものがでました。

「太郎」が「舌切り雀」の昔話を語っています。同じ巻には、次のような教材もありました。

アルトキ、オハナノイヘニ、ヲバガトマリニキマシタ。ヲバハ、ミヤゲダトイッテ、オハナトタロートニ、メヅラシイヱトヱホントヲクレマシタ。（中略）フタリハ、ヲバノトマッテヰルアヒダニ、ソノヱトキヤ、イロ〳〵ノハナシヲシテモラヒマシタ。（「ヲバノミヤゲ」）

「お花」の家に叔母さんが泊まりに来て、絵解きの絵や絵本をお土産に持参し、絵解きや昔話を聞かせてくれたというのです。この叔母がしてくれた絵解きは次のようなものでした。

上のゑは、わるいさるが、かきを、かにに、なげつけて、ゐるところであります。下のゑは、わるいさるが、うすにおしつぶされたところであります。これは、さるかにかっせんのゑであります。（「をばのゑとき」）。図版3・4参照）

図版３　『尋常國語讀本』甲種巻２
上の絵

図版４　『尋常國語讀本』甲種巻２
下の絵

図版５　『尋常小學讀本』巻１

これらを見ると、明治三〇年代の家庭では、昔話や絵解きを語ったり聞いたりすることがごく日常的に行われていた様子が知られます。国語教科書の昔話教材も、生活に根付いていたこのような「語り—聞く」言語生活に支えられて機能していたわけです。

明治三七年（一九〇四）刊の『尋常小學讀本』（第二期国定教科書）巻一には、同種の教材が図版5のように提示されています。こうなると、もう単語や句の学習、あるいは文型の学習といった域を超えていて、昔話「さるかに」の世界を楽しむためのキーワードが提示されたものと見るべきでしょう。事実この教科書ではこの後、a〜cのように昔話教材が続いており、段階を追って読みの学習が深められて行くように構成されています。

a「ベンケイガ　ウシワカマルニ　マケマシタ。ソレカラ　ケライニナリマシタ。」

b「ヨイオヂイサンハ　コブヲトラレテ　ヨロコビマシタ。ワルイオヂイサンハ　コブヲツケラレテ　コマリマシタ。」

c「オヂイサンハ　ヤマヘ　シバカリニ、オバアサンハ　カハヘ　センタクニ。

クルマニツンダ　タカラモノ、イヌガ　ヒキダス　エンヤラヤ。サルガ　アトオス　エンヤラヤ。キジガ　ツナヒク　エンヤラヤ。」

ａでは接続詞「ソレカラ」を手がかりに物語の展開を、ｂでは人物の対比を、ｃでは韻文によるイメージの読み取りを、それぞれ中心に学習し、巻二の最終教材に至って長文で省略なしの「ハナサカヂヂイ」全文を読むように配列されています。こうした目配りは、大正七年（一九一八）刊の第三期国定教科書に、さらには昭和八年（一九三三）刊の第四期国定教科書（いわゆる「サクラ読本」）にと受け継がれて行きます。家庭における昔話の語りがしだいに影を薄くして行くのと平行して、昔話教材はしだいに語りを離れて読みの教材としての位置を固めて行ったといえるようです。

私自身は「サクラ読本」で学んだ最後の世代（昭和一五年（一九四〇）小学校入学）ですが、一年生の「シタキリスズメ」で劇化学習をした記憶があります。またある日、担任の先生がお休みで、同じ学校の教師だった私の父が代わりに授業に来て、「話千両」の昔話をしてくれたことがあります。父が私の家庭で昔話を語った記憶は全くありませんが、授業の代役に来てとっさに昔話を語ることが出来る程度には昔話のストックを持っていたことが分かります。おそらく当時の平均的な教師は日常的に家庭で語ることはまれになっていても、求められたり、必要が生じた折には昔話の一つや二つは語ることが出来た、そういう時代状況であったということなのでしょう。

戦後になると童話作家等による再話作品が教科書に取り入れられるようになりました。それらは「語り」又はその記録にもとづいて再話されたにしても、結局は書き言葉の文体によっているわけで、読みの教材として扱われたのは当然のことでした。たとえば平成二三年版の国語教科書で昔話として四社が共通に採用している岩崎京子再話の「かさこじぞう」も、平成四年版（東京書籍）では「物語」として扱われていました。読みの教材として扱うかぎり物語と昔話に違いは認められないわけです。

新しい学習指導要領も、再話作品の「読み聞かせ」をもって昔話の主たる学習の形としています。伝承のなかみを教えようとする意識が先行していて、「語り―聞く」言語生活の中で文化が生み出され、伝えられて行くこと自体を実践的に学習する場としてはとらえられていないといわなければなりません。

三 昔話採集の体験から昔話教材を見直す

私は島根大学教育学部で国語教育を担当した昭和四五年（一九七〇）から平成八年（一九九六）までの間継続して、学生たちと島根県内各地に出向き、昔話採集を行いました。学生たちのほとんどは将来教師になることをめざしていました。山村の、漁村の、あるいは都市部の人たちとの「語り―聞く」交流を通して私たちは多くのことを学びました。聞きとることの出来た口頭伝承は語り手の記憶の底から薄紙を剥《は》がすようにして姿をあらわすことが多かったのですが、その都度私たちは「今、言葉を交わしながら伝承に参加している」という実感に満たされたものでした。

前節までに私は、国語教育において、語り聞かせを重視すべきであり、ひいては家庭における日常的な「語り」の復権をめざさなければならないと提言してきたわけですが、このような考えを持つに至った背景には右の採集体験があります。以下にはこの体験を通して私が昔話教材のあり方を見直すきっかけになった出来事をエピソード風に記しておくことにしたいと思います。

まず初回に訪れた島根県飯石《いいし》郡吉田村（現、雲南市）の土屋タマさんのお宅で出合った出来事が印象深いものでした。タマさんの語る「腰折れ雀」が佳境に入った頃、隣の部屋で遊んでいたお孫さんと近所の子どもがふすまを開けてにじり寄ってきました。「おばあちゃんがこんな話を知っているなんて知らなかった」、当時中学生ぐらいと見えた男の子が感嘆の声を上げました。手中の宝物に気づいた瞬間だったと思います。

翌年聞いた仁多《にた》郡横田町馬木《まき》（現、奥出雲町）の藤原キサさんの「瓜姫」の語りも忘れられません。「瓜姫」は当時島根県では比較的広く聞くことの出来た昔話でしたが、キサさんの語りの中に「むかごかいじょ」という言葉が出てきました。それはお爺さんとお婆さんが瓜姫のために、心を込めて調製して食べさせるごちそうでした。前後の文脈から考えると、むかご飯か、むかご入りのおかゆといったものかと推測されましたが、具体的には私たちに分かりませんでした。その意味を尋ねるためにキサさんを再訪しますと、「私も知りません。……け、口から出ましただけん」とのことでした。その場の勢いで、つい出た言葉だというのです。昔話の言葉はそれでいいのだ、語りの場で共有される意味こそが命なのだ、とその時私は思いました。

昭和四八年（一九七三）に訪れた邑智《おおち》郡大和《だいわ》村都賀行《つがゆき》（現、美郷《みさと》町）の黒川吾惣次さんのお宅には日常に昔話が生きていました。小学校一年生前後と見えた幼いお孫さん兄弟が、「うん……うん……」と相づちを打ちながら、祖父である黒川さんの背中にもたれかかったり、寝転んだりしながら聞いていました。黒川さんは「舌切り雀」の、お爺さんが雀を竹藪に尋ねて行く場面で、「葛籠《つづら》の中へのう、リンゴやらのう、バナナやらのう、うまいものをえっと入れてのう、そいから、雀を迎えに行ったげない」と語りました。リンゴやバナナが出てきたことに私たちはとまどいましたが、しかしお孫さんたちは問題にしていません。満足げにおしまいまで聞くと、さっさと遊びに走って行きました。これが昔話の生きた姿なのだと実感させられました。

隠岐島《おきのしま》では独自の「ねずみ浄土」が語られていました。西ノ島町赤之江《しゃくのえ》の河内フユさんの語りは次のようでした。

「爺さんがかなぎ（船上からサザエを突き取る漁）に行ってね、だんべら（綿雪）が、がいに（大変に）降って来てね、そいから、穴のやな（洞穴のような）とこへ入ってかがり火焚いておりました。そげしたらねずみが米搗いておったにの、

〽猫さえおらねば国や我がもんだ

いってスットンスットン米搗いておうましたとな。（以下略）」

厳冬の日本海に「かなぎ漁」のために一人で船を出す爺。やがて雪模様となり、爺の手に、背に、しきりにだんべらが降りかかる。大ぶりの雪片がひたひたと、黒ずんだ冬の海面に吸い込まれる。爺は雪を避けて洞穴に船を入れる。暗いところから振り返ると、そこだけわずかに明るい洞穴の入り口に、斜めに雪のすだれがかかっている。爺は奥の岩場で焚火をし、暖をとる。少しずつ身体が温まり、炎の光で洞穴の奥を透かし見る余裕が出来た頃、ふと爺の耳にねずみの歌声が聞こえてくる……。

この色彩鮮やかなイメージと充実した生活感。……当時の国語教科書（光村図書、昭和五六年（一九八一）版）には、山の畑へおむすびを持って仕事に行った爺が、転がったおむすびを追ってねずみの穴に入って行くタイプの「ねずみ浄土」（上笙一郎再話）が採用されていました。私は隠岐の児童たちが、河内さ

んの語りに代表されるような、地域密着の美しい伝承話を棄てて、ほとんど無個性の教科書教材の読解学習に何時間もつきあわなければならない理由はないと思いました。このようなことは全国至る所で見られるに違いありません。今日ではそれぞれの地域で伝承の採集資料集が公刊されています。それらを参考に、教師が自分の言葉で、児童にその地域の伝承を語り聞かせることは決して難しいわけではありません。

昭和五〇年代後半になると島根県でも昔話を聞き出すことがしだいに難しくなってきましたが、「世間話」の伝承は依然豊かでした。そしてこのことは今日でも変わりません。大和村比敷《ひじき》（現美郷町）の西島周太郎さんのお宅で怪異譚を聞いた体験は私の民話観を変えるきっかけになりました（昔話と世間話を含めて民話と呼んでおきます）。

○昔、蛇が蜂の巣をめがけて登って行ったが、落ちて死んだ。死んだ蛇が腐敗して蟻になってその巣を狙い、とうとう蜂の巣を食い荒らした。蛇の執念は恐ろしいものだって聞いた。

（語り手＝三上英夫・一九〇二年生・要旨）

○蝦蟇《ひき》と蛇が喧嘩して蛇が負けた。蝦蟇は、死んだ蛇を砂に埋めた。そこへ黄な茸《きのこ》が生えてきたので蝦蟇がそれを食った。これは自分が若い時実際に見た出来事だ。

（語り手＝西島周太郎・一八九三年生・要旨）

「それはあり得ない。しかも見ていたなんて」、……私自身も、また同席していた学生たちもさすがにこの話にはあきれましたが、二人は互いに真剣に相づちを打ちながら聞き合っています。これはいったい何なのだ。

採訪から帰って類話を調べてみますと、江戸期の世間話集『想山著聞奇集《しょうざんちょもんきしゅう》』（三上想山著・嘉永二年（一八四九）刊）に両話とも収められていたことが分かりました。ほかにも、「蛇と蟻」の類話は『耳嚢《みみぶくろ》』（根岸鎮衛著・文化一一年（一八一四）刊）に入っていましたし、「蛇と蝦蟇《ひき》」に至っては、『動物界霊異誌』（岡田建文著・昭和二年（一九二七）刊）に、大和村のすぐ近くの、島根県大田《おおだ》市波根《はね》で見聞した出来事として記録されていました。

二人の話はいずれも、体験談又はその伝聞の形をとっていましたが、実際は長い年月にわたって語り伝えられた伝承話であって、伝承が途絶えたかのようでいて、実は語り手の記憶の底に眠っていたのです。私たちはそのよみがえりの現場に立ち会ったのでした。

こうして「語り―聞く」生活を彩る言語伝承の中にはいろいろのものがあって、それぞれに独自の意味を持っているということに私たちは気づいて行きました。怪異譚や妖怪譚は今もさかんに語られています。「学校の怪談」に代表されるように子どもたちの間でも人気があります。ひとまとめに「伝統的な言語文化」といっても、そこに含まれる伝承は昔話や神話にかぎりません。視野を広げることで伝承教材はいっそうダイナミックに扱えるようになると思います。

付記　光村図書版の昔話教材の特色については昌子佳広氏（茨城大学）の教示をうけました。

【参考文献】
・『日本教科書大系　近代編　第六巻・第七巻』講談社、一九六三年。

・『日本庶民文化史料集成　第一六巻』三一書房、一九七〇年。
・田中瑩一編『奥出雲昔話集』岩崎美術社、一九八〇年。
・田中瑩一『伝承怪異譚―語りのなかの妖怪たち―』三弥井書店、二〇一〇年。

復活した神話教材

多比羅拓

一　「復活した神話教材」とは

今回のテーマは「復活した神話教材」です。突然「復活した神話教材」の話を始めるにはわかりにくいところがあるように思いますので、まずこのテーマを扱う経緯や背景から話を進めてゆくことにします。

まず「神話教材」とは何か。「神話教材」とは、教科書に収録作品されている「教材」のなかで、「神話」を出典とするものを指します。「神話」とは、世界や国の成立やそれに関わる英雄の事績などを物語るものです。ただし本稿で「神話」という場合、「日本の神話」を意味します。ギリシャ神話やケルト神話などは教科書に採録されていません。そして、日本の神話は『古事記』和銅五年（七一二）と『日本書紀』養老四年（七二〇）および各地で編纂された『風土記』（八世紀）に収録されたものを指すとお考えください。これらをふまえ、「復活した神話教材」というタイトルは「復活した『古事記』や『日本書紀』を出典とする教材」と置き換えられることになります。

では、「復活した」とはどういうことでしょうか。日本の検定教科書は明治五年（一八七二）から始まります。したがって、現在までおよそ一四〇年の歴史を持ちます。そのなかで『古事記』『日本書紀』が重要な位置づけを占めた時期もありました。しかし、平成二三年度から使われている教科書が出るまで、長らく教科書の中にこれらの作品が採録されることはありませんでした。「長らく」とはどれくらいかというと、およそ七〇年ほどです。

約七〇年前、具体的には昭和二〇年（一九四五）ですが、ここで何が起こったかというと、第二次世界大戦での日本のポツダム宣言受諾（無条件降伏）です。これを境に、日本の教育内容の見直しがなされ、そのなかで思想的な意味合いの強かった神話の扱いに変化が生じました。この経緯や是非については、教育的な立場だけでなく政治的な立場、実証的な立場などが複雑に絡んでいるので、単純化することは避けて、実際に起こった現象のみの指摘にとどめますが、『古事記』『日本書紀』などの日本神話が扱われることはごく部分的なものとなりました。特に小学校教科書で、戦前には多く扱われていた神話教材が見られなくなりました（高等学校の古典では『古事記』を扱っているものもあります）。今回の「復活」とは、この小学校教科書「国語」での神話教材の「復活」です。

二　「復活」の背景としての新学習指導要領

今回の「復活」の背景には、平成二〇年（二〇〇八）に発表された新学習指導要領で、〔伝統的な言語文化と国語の特質に関する事項〕という項目が設定されたことが影響しています。次に引用するのは〔第一学年及び第二学年〕の「二、内容」にあるものです。

〈伝統的な言語文化と国語の特質に関する事項〉

（一）「A話すこと・聞くこと」、「B書くこと」及び「C読むこと」の指導を通して、次の事項について指導する。

ア　伝統的な言語文化に関する事項

（ア）昔話や神話・伝承などの本や文章の読み聞かせを聞いたり、発表し合ったりすること。（傍線引用者）

また、「第三　指導計画の作成と内容の取扱い」では次のようにあります。

第二の各学年の内容の〈伝統的な言語文化と国語の特質に関する事項〉については、次のとおり取り扱うものとする。

（一）〈伝統的な言語文化と国語の特質に関する事項〉の（一）に示す事項については、次のとおり取り扱うこと。

ア　特定の事項をまとめて指導したり、繰り返して指導したりすることが必要な場合については、特にそれだけを取り上げて学習させるよう配慮すること。

イ　伝統的な言語文化に関する指導については、各学年で行い、古典に親しめるよう配慮すること。（傍線引用者）

ここから、新学習指導要領での意図としては、

①「伝統と文化に対する理解と愛情」を育てる教材として、

②各学年で「古典に親しむ」ための教材を配置し、

③第一、二学年においては「昔話や神話・伝承」などを特に選定する。

ということがあるようです。

改訂以前も「第三　指導計画の作成と内容の取扱い」という章で教材への留意事項として、

ク　我が国の伝統と文化に対する理解と愛情を育てるのに役立つこと。

ケ　日本人としての自覚をもって国を愛し、国家、社会の発展を願う態度を育てるのに役立つこと。（傍線引用者）

という形で「伝統と文化」への記述はあり、これは新学習指導要領でもこのままで踏襲されています。ただ今回は「留意事項」にとどめず、それまで「A話すこと・聞くこと」「B書くこと」「C読むこと」及び〔言語事項〕となっていた教育内容を、「A話すこと・聞くこと」「B書くこと」「C読むこと」及び〔伝統的な言語文化と国語の特質に関する事項〕としたのは大きな変化といえます。

三　「復活した神話教材」

さて背景や経緯に紙幅を割きましたが、いよいよ本題の神話教材の中身に入りたいと思います。

現在、小学校・国語教科書を発行しているのは、学校図書・教育出版・三省堂・東京書籍・光村図書の五社です。各教科書名と神話教材の配当学年は次の通りです。

『みんなと学ぶ　小学校　こくご』二年上、学校図書
『ひろがることば　小学国語』二上、教育出版
『しょうがくせいのこくご』一年下、三省堂
『こくご』二上、光村図書
『新しいこくご』二上、東京書籍

これは、新学習指導要領での一、二学年で扱うとした内容と一致し、三学年以上に「神話教材」はありませんでした。以下、それぞれの教材の内容と扱い方について見てみましょう。

●『みんなと学ぶ　小学校　こくご』二年上、学校図書

単元名　むかしの物語をたのしもう

教材名　ヤマタノオロチ　作者　きさか　りょう

「ヤマタノオロチ」は明治時代の国定教科書の頃から採用されてきた話のひとつです（詳しくは松尾哲朗「国定教科書にみられるヤマタノオロチ神話」、『昔話を愛する人々へ』三弥井書店）。ただし、素戔嗚尊《すさのおのみこと》自身についてては出所以外に特別な記述はなく、粗暴性や凶暴性はもちろんのこと、力強ささえも説明されず、行動中心の描写になっています。

この単元は「むかしの物語をたのしもう」となっており、この「物語」には「本当にあったことではないお話で、人物が思ったことや、したことが書いてある文章」という注がついています。この「ヤマタノオロチ」は、あくまで「むかしの物語」「本当にあったことではないお話」であり、「人物が思ったこと」「したこと」を読みとるための教材という位置づけが、特に強調されているように思えます。ほかの教材においては付されている「学しゅうの手びき」もありません。巻末の「保護者の方々へ―この教科書で学ぶこと―」には、

学習指導要領で示された日本の神話を読みます。ヤマトタケルの活躍を楽しみます。（学習の内容）
日本の伝統的な文芸を楽しみ、それに親しむ態度をはぐくみます。（身につくこと）

とあり、学習指導要領に即した扱いであることも強調されます。この「保護者の方々へ」で「学習指導要領で示された」とあえて明記されているのは、この教材だけです。

●『ひろがることば　小学国語』二上、教育出版

単元名　むかしのお話を読む
教材名　いなばの　しろうさぎ　作者　ふくなが　たけひこ

話の特徴として、話の順序があげられます。まず、裸でふるえるウサギを神々がからかうところから始まり、神々の最後に通りがかった大国主命《おおくにぬしのみこと》に事情を聞かれ、その前に起こったサメに皮をはがれる一件を回想して語るという、時系列が入れ替わった構成になっています。結末は大国主命の言うとおりにして元通りになったところで終わります。

「いなばの　しろうさぎ」も「ヤマタノオロチ」同様、戦前に採用された話です（多比羅拓「国定教科書の中の昔話」、『昔話を愛する人々へ』三弥井書店）。学校図書「ヤマタノオロチ」と同様、「学習のてびき」はありませんが、囲み記事と欄外で発展的な学習内容が述べられています。

・この　お話は、『古事記』と　いう　ふるい　本に　のって　います。おもしろかった　ところは　どこですか。話し合いましょう。
・みなさんの　すんで　いる　まちに、むかしから　つたわって　いる　お話を　さがして　はっぴょうしましょう。
・ふくなが　たけひこ　『おおくにぬしの　ぼうけん』などの　本を　書いて　います。

学習内容としては、「おもしろかったところ」や「昔からつたわっているお話」の「話し合い」「はっぴょう」が予定されているようです。また、『古事記』という出典名や「おおくにぬし」という登場人物への展開が用意されています。ただし、巻末の「二年生で読みたい本」で紹介されている「むかしのお話」は、『おそばのくきはなぜあかい』（いしいももこ）と『やまんばのにしき』（まつたにみよこ）で、神話ではなく昔話の絵本です。ウサギという動物が出てくるところからも、昔話に展開するものとして位置づけられているのかもしれません。

●『しょうがくせいのこくご』一年下、三省堂

単元名　むかしばなしを　たのしもう

教材名　いなばの　白ウサギ　作者　みやかわ　ひろ

話の内容は、サメとやりとり、神々とのやりとり、大国主命とのやりとりという時系列に沿った展開です。最後は元に戻ったウサギが、大国主命にお礼を言って終わります。

これまで見た二社と異なり、一年生での神話教材です。「かんがえるために」が付されているところも異なります。内容は次の通りです。

一　「いなばの　白ウサギ」を　よんで、おもしろいと　おもった　ところは、どこですか。はなしましょう。

二　この　おはなしには、白ウサギの　ほかに、だれが　でて　きましたか。なにを　しましたか。ノートに　かきましょう。

三　この　おはなしに　でて　きた　だれかに　むけて、きいて　みたい　ことを　かきましょう。（絵）ウサギはどうしていなばのくににいってみたかったのかな。

これらの学習内容は、他の物語教材と同じ扱いといえそうです。また、次ページの「わたしの本だな」には、『ちからたろう』(いまえよしとも)、『ねずみのすもう』(おざわとしお)とあわせて、『やまたのおろち』(はにすすむ)が紹介されています。『やまたのおろち』は先ほど学校図書でも採用されていることを確認しましたが、昔話・神話が両方紹介されているところに、偏ることなくバランスをとろうとした配慮がうかがえます。

●『こくご』二上、光村図書

単元名 きいて たのしもう (先生に読んでもらって、おはなしをたのしみましょう)
教材名 いなばの 白うさぎ 作者 なかがわ りえこ

この「いなばの白うさぎ」も、教育出版と同様の入れかわった時系列で構成されます。また大国主命に焦点が当てられているのも特徴です。冒頭では大国主命が兄弟から笑いものにされていることが述べられ、末尾では「それからというもの、「オオクニヌシこそ、八十人の兄弟の中でいちばんすぐれた方だ。」と、世につたわるようになりました。」となっています。先生の読み聞かせ教材となっているところから、やや難度を上げて、白ウサギと大国主命それぞれに物語性を付加したものになっています。

学習の内容では、末尾の囲み記事に、「だれが 出て きましたか。だれが、何を しましたか。みんなで はなしましょう。」とあり、これは教育出版と同様です。

次ページの「本はともだち」では、『カムイチカプ 神々の物語』『遠野むかしばなし 鈴木サツ自選五〇話』『白山のわらじ』『台東区むかしむかし』『昔ばなし 京都編』『読みがたり 岡山のむかし話』『大分県野津の吉四六話』と七冊が紹介されます。「日本じゅうに、さまざまな おはなしが つたわっ

て　います。みなさんの　すむ　ところには、どんな　おはなしが　つたわって　いますか。」とあるのは、やはり教育出版と同様です。特徴的なのは、『カムイチカプ』というアイヌの「神話」が含まれているところでしょう。ただ全般的には『カムイチカプ』も含め、「いなばの白うさぎ」も地名が含まれているところから、各地につたわる話として位置づけられているように思います。

●『新しいこくご』二上、東京書籍

単元名　言いつたえられて　いる　お話を　しろう

教材名　いなばの　白うさぎの　お話・やまたのおろちの　お話・海さち山さちの　お話

この三つは、話の冒頭のみの紹介です。大国主命、素戔嗚尊の名前も出てきません。神話の定義も「むかしから言い伝えられているお話の中には、いろいろな神さまが出てくる、「神話」というものもあります。」となっており、「むかしから言いつたえられているお話」として「でいだらぼっちのお話」が紹介された後に続きます。次ページには、三省堂と同様に広島・鹿嶋《かしま》・会津の昔話とともに、『オオクニヌシの宝』（いなばの白うさぎのお話の続き）、『やまたのおろち』『うみさち　やまさち』（それぞれの続き）が紹介されています。神話は「昔話の中で神さまが登場する話」と位置づけられているようです。

四　「物語」と「昔話」に内包される「神話」

今回、久しぶりの採用となった「神話教材」ですが、「いなばの白ウサギ」も「やまたのおろち」も地名（因幡・出雲）と関わりのある話で、「日本全国につたわる昔話」と共通項を持たせた形での扱いが多いことがわかりました。

またどちらの話にも動物（ウサギ・大蛇）が登場します。これらは、一、二学年で学習する物語教材と重なります（魚の登場する「スイミー」や蛙の登場する「お手紙」など）。

神話ですから神々が登場しますが、「ヤマタノオロチ」の素戔嗚尊もその特異性は描かれず、「いなばの白ウサギ」の大国主命も人物描写には乏しく、ほかの兄弟との相対的な比較の中で評価されるにとどまっています。もともとの神話や神々に付されていた意味については、それをあまり感じさせないものになっていると言えます。

かつて教科書で「神話教材」が積極的に扱われてきた頃には、当時の日本の特定の思想を裏付ける形で利用されてきた経緯がありました。そのような経緯をふまえ、改めて「神話教材」を学校現場で扱うときに、しかもいずれもかつて教科書で扱ってきたものと同じ話を扱うときに、どのように位置づけていくかについて慎重になるのは当然です。そのときに採ったのが、「物語」的な登場人物と「昔話」的な地縁だったのです。

また、今回はあまり触れることができませんでしたが、新学習指導要領から小学校でも古典文学（『百人一首』『枕草子』「漢詩」など）を扱うようになった影響も指摘できます。ただ、今回見る限りでは『古事記』という書名をほとんど出しておらず、出典としては絵本が紹介されているところから、「古典文学に親しむ」というより「昔話に親しむ」に近い扱いになっていると言えると思います。

これまで教科書で扱われることのなかった「神話教材」が新たに入ることで、過去の様々な経緯をふまえた上で、二一世紀にふさわしい「日本神話」への認識が生まれてゆくきっかけとなることを願ってやみません。

関敬吾と子ども向けの昔話

石井正己

一　関敬吾《せきけいご》の昔話に対する二つの側面

関敬吾（一八九九〜一九九〇）の名前は、一般にはそれほど知られていないかもしれません。しかし、日本の昔話を研究しようと思うなら、その業績に触れないわけにはいかない最も重要な研究者です。柳《やなぎ》田国男《たくにお》の昔話研究が日本国内の充実を図ろうとしたのに対し、関は外国の研究を導入しつつ国際的な比較研究を積極的に進めようとしました。柳田を批判的に継承しようとした点で、その業績は特筆に値します。

特に、長年にわたって昔話を収集・分類した成果は、昭和二五年（一九五〇）から昭和三三年（一九五八）にかけて発行された『日本昔話集成』全六巻に結実します。しかし、その後、小型録音機の普及と地方再発見の潮流に促され、昔話の資料は飛躍的に膨れました。そこで、野村純一・敬子夫妻の助力を得て、昭和五三年（一九七八）から昭和五五年（一九八〇）にかけて『日本昔話大成』全一二巻が改訂・増補されました。これは、日本の昔話を考える際に、今も座右に置くべき基本文献です。

昭和五五年から昭和五七年（一九八二）にかけて、主要な業績を集成した『関敬吾著作集』全九巻も刊行されました。各巻の解説には、各分野の研究者が関の業績を丁寧に評価しています。さらに昭和六二年（一九八七）には、大林太良《おおばやしたりょう》を編集代表にして、米寿記念論文集『民間説話の研究』が刊行されました。最晩年まで日本の昔話研究の第一人者として活躍したと言えましょう。

しかし、関が子ども向けの昔話を意外に多く書いていたことは、業績の中ではまったく話題になったことがありません。そうした文章は研究者の余儀であり、身すぎ世すぎの手だてにすぎないと見なされてきたのではないかと思われます。近年は大学でも学術研究ばかりでなく、社会活動や教育業績を評価するようになりましたが、それでも、一般向けの読み物に対しては白眼視されるところがなくはありません。

関の著作の中で最もよく読まれてきたものを挙げるならば、おそらく岩波文庫に収められた「日本の昔ばなし」三冊でしょう。昭和三一年（一九五六）から昭和三二年（一九五七）にかけて、『こぶとり爺さん・かちかち山』『桃太郎・舌きり雀・花さか爺』『一寸法師・さるかに合戦・浦島太郎』が出ています。ちょうど『日本昔話集成』を刊行している時期に、これらも刊行されたのです。

どちらかと言えば、関は固い研究者としてイメージされがちですが、柔らかい物書きという側面を持っていたことに注目する必要があるでしょう。柳田にしても、その研究は、昭和四年（一九二九）の『日本神話伝説集』や昭和五年（一九三〇）の『日本昔話集　上』のような子ども向けの読み物から始まっています。ここでは、岩波文庫発刊に至るまでの昔話に関する読み物の軌跡をあらあらたどってみることにします。

二　少国民の日本児童文庫の『日本昔話集笠地蔵さま』

著作集の第六巻には、大島広志《おおしまひろし》作成の「著作年譜」が収録されています。現在最も信頼できる目録であり、学術的な著作については紹介や書評まで網羅しています。作成にあたっては、関の手控をもとに、民俗学の文献や雑誌目録を参照したのでしょうか。そのために、子ども向けの読み物は排除されています。絵本については機会を改めて取り上げることにして、ここでは体系的に書かれた読み物を見てゆくことにします。

昭和一八年（一九四三）一二月、大日本雄弁会講談社の少国民の日本児童文庫の中に、『日本昔話集笠地蔵さま』が入りました。一二〇〇〇部の発行ですから、学術書とは違って、多くの人の目に触れたはずです。現代ではこうした読み物の執筆には児童文学者が関わりますが、かつては民俗学者がこうした読み物を書くこともあったのです。

冒頭には、「みなさまへ」という序文があります。最初には、「日本の昔話の大部分は、たぶん千年も、あるいはもつと古くから、つたはつて来たものばかりです。だれがいつつくつたか、もう今はたづねやうもありません。ことによると、大昔の神々のものがたりが、長いあひだにこんなふうに変つて来たのかも知れません」といった説明があります。この前提にあるのは、昔話は神話の零落したものであるという考え方でしょう。

最後には、「私はこの本をかくために、できるだけ古い形のととのつた話をえらびました。さうして昔のままの、つたはつてゐるままの形をのこすやうにつとめました。それはできるだけ昔の人の心もち

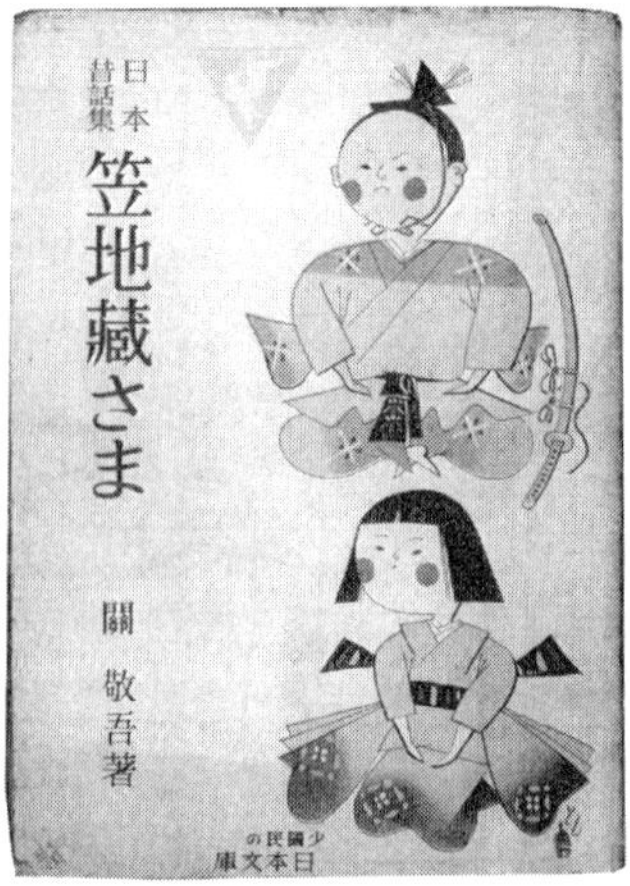

『日本昔話集笠地蔵さま』カバー

を、知らせたいからです」と述べます。ここにあるのは、昔話によって日本人の信仰が明らかになるという見方ですが、児童文学者の再話に対する批判が含まれているかもしれません。

こうした昔話に対する理解は、どちらかと言えば、柳田国男の影響を強く受けたものでしょう。「昔話といふものは、昔は炉ばたで聞くものでありました。けれどもみなさんは、電灯の明かるい光の下で読んでください」とも言います。こうした物言いは、柳田が玄文社と郷土研究社で出した炉辺叢書に載せた序文に見えました。やはり柳田の受け売りであることは間違いありません。

この中には、次のような一八話が載せられています。

ぢいさまとかに　笠地蔵さま　五分次郎　空へのぼつた桶屋さん　ひきがへると猿　きき耳　東の長者、西の長者　山うばと馬方　塩吹き臼　夢買ひ長者　黄金の斧　三つの玉　つきぬお金　天狗のうちは　しつぽの釣　花売りの男　古屋のもる　上のぢいさまと下のぢいさま

そして、巻末には「日本の昔話――語つて聞かせる人々のために――」があります。「みなさまへ」が子ども向けに書かれたのに対して、これは父兄に向けて書かれた文章です。子どもたちには「電灯の明かるい光の下で読んでください」と言ったのに、父兄には子どもに「語つて聞かせる」ことを期待し

ています。

そして、取り上げた昔話を解説しながら、「善行と神を信じ崇めるものは栄えることを説いてゐます」とも、「敬虔な信仰を語つてゐるものが多い」とも、「笑ひがあり、娯楽でもありました」とも説明します。大きくは、昔話が「信仰や道徳」から「娯楽」に傾いてきたことを述べ、そうしたことを念頭に置いて語ってほしいと望んでいます。

さらに、「もし、この中に一度聞いた話があるなら、自分のところで語られるのと、どれほど違つてゐるか、くらべてみるのも興味あることです。御参考までに伝はつてゐる場所をあげておきます」とし、話が伝わった旧国名または島の名を列記して結びます。これは父兄への言葉でしたが、編集の方針や資料の提示は、柳田の『日本昔話集　上』の影響を受けていることが明らかです。

三　ともだち文庫の『炭焼長者』ほか二冊

やはり「著作年譜」に取り上げられていないものに、中央公論社のともだち文庫に入った三冊があります。昭和二二年（一九四七）一月の『炭焼長者』、同年一一月の『藁しべの王子』、昭和二三年（一九四八）一〇月の『上の爺さまと下の爺さま』です。結果として三冊で三五話を収録しますが、当初からの構成であったかどうかはわかりません。むしろ、売れ行きがよかったので、続刊されたのではないかと思われます。

『炭焼長者』の「あとがき」では、「口承の文学」は「国民的であるとともに、世界的であります」と指摘します。個々の話についても、たとえば次のような記述があります。

『上の爺さまと下の爺さま』（2刷）表紙

『炭焼長者』表紙

最初にあげた「天降《あも》り乙女」は、みなさんも「羽衣」といつて、これに似た話を聞いたことがありませう。古くは「近江風土記」にもあります。この話は鹿児島の南、奄美大島に伝はつてゐる話ですが、その分布は北は奥州までほとんど全国に及んでをります。我が国だけではなく中華民国にもマレイ半島にも南洋群島にも、またヨーロッパ諸国にも「白鳥処女物語」といつて、たくさん伝へられてをります。

今では「天人女房」と呼ばれますが、「天ぶく地ぶく」「手なし娘」「蛙の恩返し」「米ぶき粟《あは》ぶき」にも、世界的な視野から見た指摘が見られます。関は、昔話が「国民的」であると同時に「世界的」でもあることを視野に置いて採話したのです。

『藁しべの王子』では、この本の読まれ方を気にしたのか、「あとがき（父兄の方々に）」としています。「俵薬師」は悪い兄と正直な弟の話で、兄は宝壺を手に入れた弟を羨《うらや》んで取り上げてたたき割り、次には泊めた乞食が黄金になった弟を羨んで失敗し、ついには弟を俵に詰めて流そうとするのですが、うまくゆかなかったという話です。「あとがき」には、次のような解説があります。

俵薬師――鹿児島県沖永良部島。この話はアイルランド、イギリス、フランス、ドイツ、ギリシア、アフリカにもある。西洋では袋とか樽とかに入れられるが、わが国は稲の国だから俵である。しかも上総《かづさ》東海岸では、薬師如来の木像の入つた俵が流れて来た言伝へがあり、これに眼病の願がけをするといふ。これとなんらかの関係があるやうである。

関は海を介した昔話の伝播を考えていたのではないかと推測されます。末尾には、「この集は主として北と南に片よつてゐるが、古い慣習や言葉、また昔話などは文化の中心から遠ざかつたところに残る傾向がある。これは川の水と同じく文化の高いところから、低いところに流れることを物語るものである。かうした点も注意するのはおもしろいことである」とあります。昔話を周圏論的にとらえる発想ですが、一つの仮説に拠って一冊を編集していることがわかります。

『上の爺さまと下の爺さま』では、「あとがき」としてまとめずに、各話の末尾に解説をデス・マス調で付けています。「古屋のもる」は熊本県球磨《くま》郡の話で、爺様と婆様が「古屋のもるが一番怖い」と話すのを聞いて、とらおうかめが逃げ出したのを、馬盗人が馬と誤ってつかまえるという話です。末尾には、次のような解説があります。

この話はわが国にはかなり広く拡がっております。インドにも中国にも朝鮮にも、主として東洋諸国にたくさんあるようです。インドではパンタチャントラという、非常に古い本にも出ております。わが国には、いつ入って来たかまだわかりませんが、あるいは仏教と一緒かもしれません。この話は古屋の雨もり、すなわち貧乏がこの世の中でいちばん恐ろしいということを物語ろうとしています。朝鮮では干し柿が恐ろしいといっていますが、意味は少し変ってきます。あるいは魔物を防ぐためにこんな物語をしたのかもしれません。いま一つは、猿のしっぽがどうして短くなったかという動物説話と結合しています。

①『炭焼長者』	②『藁しべの王子』	③『上の爺さまと下の爺さま』
天降《あも》り乙女	藁しべの王子	笛吹きむこ
炭焼長者	鬼の宝物	たにしの長者
牛方と山姥	二人の博労	上の爺さまと下の爺さま
地蔵浄土	見とほし童子	犬と猫と指輪
天ぶく地ぶく	母の目玉	爺さまとかに
手なし娘	俵薬師	ひきがえると猿
絵姿女房	飯くはぬ女	うずらとたぬき
猿地蔵さま	かぶ焼き甚四郎	古屋のもる
蛙の恩返し	薬売りときつね	三つの玉
米ぶき粟《あは》ぶき	こぶ取り爺さま	きき耳
	豆の大木	話千両
	うさぎの仇討《あだうち》	
	すねこたんぱこ	
	お月とお星	

この他にも、「たにしの長者」「犬と猫と指輪」「三つの玉」「きき耳」「話千両」は、昔話の比較研究を念頭に置いて選んだことがわかります。

すでに刊行されていた『日本昔話集笠地蔵さま』から、「ぢいさまとかに」「笠地蔵さま」「ひきがへると猿」「きき耳」「三つの玉」「古屋のもる」「上のぢいさまと下のぢいさま」を再利用しているものの、多くは新たに書き加えています。国際的な比較研究に向かおうとする考え方は『日本昔話集笠地蔵さま』

にも潜在していたと思いますが、ともだち文庫ではそれがはっきり示されました。しかし、それは同時に、柳田国男の昔話観から遠く離れてゆくことでもあったのです。

四　世界昔ばなし文庫の『山の神とほうき神』

ともだち文庫と重なるようにして、昭和二三年六月には、彰考書院の世界昔ばなし文庫の中に『山の神とほうき神』が入りました。巻頭には柳田国男と川端康成連名の「監修者のことば」があり、昔話は「いろいろの民族の生活を研究するうえに、また世界の人類の遠い昔の交通や歴史をまなぶうえに、役に立つ材料になるかと思います」としています。柳田自身の文章かどうかはわかりませんが、編集責任者の関敬吾と石田英一郎の考えが反映していることは間違いありません。広告には、「○子供のために最も良心的な娯楽と教養の糧《かて》」「○大人のためにも有益な高い学芸の香り」「○世界諸民族の特性・人類文化交流の歴史を民間に伝えられた「耳の文学」からまなぶ」とあります。

他にも、この年に石田英一郎『火の鳥〔ロシヤ〕』、金田一京助・知里真志保《ちりましほ》『りくんべつの翁〔アイヌ〕』、河田清史《かわだきよし》『象とさるとバラモンと〔インド〕』、服部四郎『金と銀のさいころ〔アルタイ系諸族〕』、小川亮作《おがわりょうさく》・河崎珪一《かわさきけいいち》『金の燭台〔イラン〕』、江尻英太郎『ほら貝王子〔タイ〕』が刊行され、昭和二五年には発行所を福村書店に改め、石田英一郎『うたう木の葉〔デンマーク〕』が刊行されました。しかし、佐藤誠のトルコ、田中於菟弥《たなかおとや》の古代インド、小林高四郎のモンゴル、直江広治《なおえひろじ》の中国、関敬吾の朝鮮、松本信広の東南アジア、山本達郎の安南、光吉夏弥《みつよしなつや》のノールウェイ、会田由《あいだゆう》のスペインは刊行されませんでした。そうしたことはあっても、この文庫は戦後の昔話資料の出発点となりました。

『山の神とほうき神』表紙

『山の神とほうき神』の「はしがき」は著者の文章で、「昔ばなしはこうした昔の文化の伝播を考える上に、一つの重要な材料であります」とも、「昔の人たちはどうしてこういう物語が、生活する上に必要であつたかを考えるのも興味あることです」とも述べます。ここには、昔話の伝播と機能という、関の関心が明確に表れています。こうしたかたちで、昔話研究に関心を持つ人々を増やそうとしたのです。

この中には、次のような二〇話が収録されています。

1　灰坊　2　うぐいすの一文銭　3　旅人馬　4　寅千代丸　5　山の神とほうき神
6　姉と弟　7　馬喰《ばくろう》やそ八　8　焼餅爺さま　9　起上り小法師　10　こんび太郎
11　魚の玉　12　鯉の報恩　13　鬼が笑う　14　金の茄子《なす》　15　おとん女郎　16　紅皿とかけ皿
17　骸骨の歌　18　豆助　19　灰まき童子　20　あくと太郎

一見してわかるように、少国民の日本児童文庫ともともだち文庫とも違う話が収録されています。それとともに注意されるのは、「灰坊」「旅人馬」「寅千代丸」をはじめ、後に『日本昔話集成』で示される話名が現れていることでしょう。ともだち文庫と近い時期にありながら、この間には大きな断絶があるように思われます。少国民の日本児童文庫とともだち文庫が「著作年譜」に載らず、世界昔ばなし文庫が載るのは偶然ではないのでしょう。おそらく関自身によって、少国民の日本児童文庫やともだち文庫は、まるでなかったかのように消されたにちがいありません。

この場合も巻末に「解説」があり、それぞれの話の素性を記述しています。その記述は、ともだち文庫に比べて詳細になっていて、たとえば次のような例があります。

16　紅皿とかげ皿　わが国には継母と継子との葛藤を中心とした昔ばなしの形式が、七つばかりあります。その一つはシンドレラと同じ形式の「糠福米福」その二は「継子の椎拾い」といって、継子には破れ袋をもたせて椎拾いにやる話です。そのつぎは「お銀小銀」とも「お月お星」ともいつて継子と実子は仲がよく、実子は姉に同情して家出し、二人を探しに出た盲になつた父親と邂逅《かいこう》する話。第四は「継子と鳥」といつて、父の留守中に殺され小鳥となる話です。第五はつぎの「骸骨の歌」と関係のある「継子と笛」の話である。第六が「手無し娘」といつて、グリムにもありますが、切られた手が生える哀れな物語です。第七がここにあげた話で「皿々山」とも「紅皿かげ皿」ともいつて、二人の娘が歌をよんでよく出来た継子が殿様の嫁になるという筋です。こんな話が実際にあつたかどうかを詮索するよりも、どうしてこんな話が生れたかということを、それぞれの国の家族制度と比較して研究することがむしろ興味があります。

ここでは継子話の全体像に触れ、ともだち文庫に入れた「手なし娘」「米ぶき粟ぶき」「お月とお星」を統合的に見るような説明をしています。すでに『日本昔話集成』ができあがりつつあったことが想像されます。しかし、これでは専門的な研究に入ってしまい、子ども向けの解説であるとは言えません。

関の研究姿勢も明確になりましたが、研究が専門化したために、子どもとの距離が大きくなってしまったことは否定できません。やがて子ども向けの昔話は児童文学者の占有に帰し、研究者は蚊帳《かや》の外に置かれてしまうことになります。

五　岩波文庫の『こぶとり爺さん・かちかち山』ほか二冊

　こうした子ども向けの読み物としての昔話は、研究という視点からは問題にされませんでした。そのために、実はそうした流れの中で書かれたのが岩波文庫の「日本の昔ばなし」三冊であることは、あまり知られていません。しかし、最も広く読まれてきた関の著作は、『こぶとり爺さん・かちかち山』『桃太郎・舌きり雀・花さか爺』『一寸法師・さるかに合戦・浦島太郎』であることは間違いありません。この三冊は昭和三一年五月、同一二月、昭和三二年五月に刊行され、岩波文庫という権威もあったためか、「著作年譜」でも落としていません。

　このシリーズは、具体的な話の採択はともかく、当初から三冊で考えられていました。しかも、それまでと違うのは番号が付けられた話だけでも一七九話に及び、「彦市・吉《きち》よむばなし」のように、その中に二六話が含まれるような場合を数えれば、話数は二四〇話に及びます。柳田は『日本昔話集　上』一冊で、日本の昔話の全体像を示しましたが、関は三冊でそれを試みたのでしょう。『一寸法師・さるかに合戦・浦島太郎』の巻末には「索引」があり、話名検索が可能です。「索引」が必要になったのは、数が増えたためでしょうが、単なる読み物を超えようとする研究への意志が垣間見えます。

　これは岩波文庫に入っていることからして、子ども向けの読み物であったかどうかは疑わしいという批判があるかもしれません。研究者が書いた昔話であるということで、昔話の格上げが図られたことは重大でしょう。児童文学者であれば、岩波文庫の文章として扱われることは難しかったと思われます。しかし、そうしたことを配慮しつつも、これまで見てきた一連の流れからこの三冊を考えなければなりません。

そもそも子ども向けの読み物と言っても、実際には子ども自身が読む前に、大人が声に出して読み聞かせる場合がしばしば見られます。そうしたことを念頭に置いていたのでしょう、三冊の巻頭には、すべて「この本を読まれるみなさまへ」という文章が載っています。タイトルは同じですが、内容は違って、その折々に書き継がれています。繰り返しこうした文章を書いたのは、これらの本を読むのが大人であることを重視していたからでしょう。

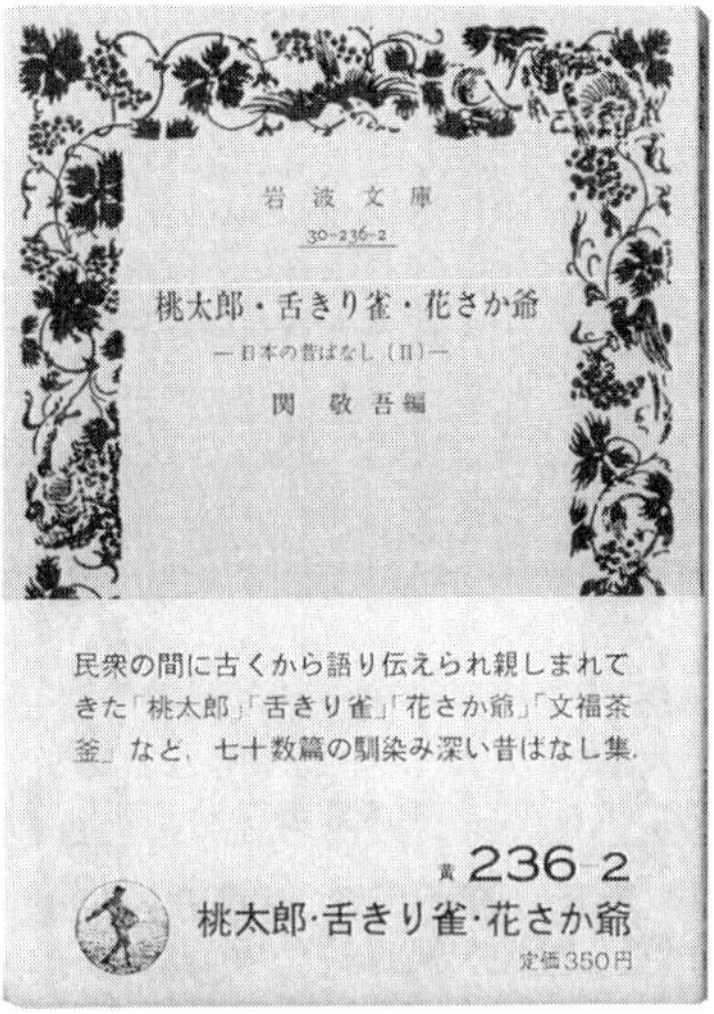

『桃太郎・舌きり雀・花さか爺』（26刷）の表紙と帯

具体的に見てゆくと、『こぶとり爺さん・かちかち山』では、昔話が「祖先たちによって創造された共有の文化財」であることを押さえ、「幼いものに直接読ませるよりは、語って聞かせた方がはるかに効果的です」と述べます。さらに、「いまの幼少の聞き手に対して不適当と思われる辞句もありますので、こうした個所は編者の判断によって語られたままの形を多少かき改めた場合もあります」とします。「日本の昔ばなし」三冊は、大人が幼少の者に読み聞かせることを意図して編み、そのために、子どもに向かない性や差別に関わる表現を書き改めた

①『こぶとり爺さん・かちかち山』

1瓜姫
2たにし長者
3手なし娘
4魚女房
5鶴女房
6猿の婿どの
7母の目玉
8天降り乙女
9謎婿
10かぶ焼き甚四郎
11絵姿女房
12山の神とほうき神
13猿長者
14爺と蟹
15地蔵浄土
16こぶとり爺さん
17天ぶく地ぶく
18夢を買うた男
19灰まき童児
20三人の兄弟
21犬と猫と指輪
22聴き耳
23火男の話
24わらしべの王子
25金の茄子
26見とおし童児
27豆の大木
28運のよい猟師
29馬喰やそ八
30旅人馬
31牛方と山姥
32飯くわぬ女
33一軒屋の婆
34髪そり狐

②『桃太郎・舌きり雀・花さか爺』

1桃太郎
2桃の子太郎
3竹の子童児
4竹きり爺
5灰坊
6百合若大臣
7かえるの報恩
8狐女房
9文福茶釜
10みず木の言葉
11山梨とり
12鬼の妹
13鬼が笑う
14舌きり雀
15猿地蔵さま
16鼻たれ小僧
17沼の主のつかい
18おきあがり小法師
19味噌かい橋
20夢見小僧
21三年寝太郎
22最後のうそ
23うそ袋
24尻なりべら
25鼻かみ権次
26もとの平六
27智恵あり殿
28話千両
29和尚と小僧（3話）
30三人のむこ
31御意の頭
32馬鹿むこどの（3話）
33三人のくせ
34こんび太郎

③『一寸法師・さるかに合戦・浦島太郎』

1炭焼長者
2だんぶり長者
3生れ子の運
4一寸法師
5五分次郎
6雁とり爺
7笠地蔵
8大年の客
9ものいう亀
10たから手拭
11立市買い
12貧乏神
13取っ《(ママ)》く引っ《(ママ)》く
14笛吹聟
15浦島太郎
16浦島
17こがねの斧
18鼠の浄土
19うぐいすの里
20うばすて山
21鬼と三人の子ども
22米ぶき粟ぶき
23白鳥の姉
24骸骨の歌
25雉も鳴かずば
26蚕の始まり
27蛇の聟どの
28鯉女房
29猫のうた
30狼の報恩
31天道さんの金の鎖
32水ぐも
33大工と鬼六
34鬼を一口

35化狸 36八つ化け頭巾 37小鳥の昔話（10話） 38動物の競争（5話） 39狐物語（6話） 40かちかち山
35鷲の児 36蛇むすこ 37べに皿かけ皿 38お月お星 39鬼のむこ 40三枚のお札 41猫と釜蓋 42しっぺい太郎 43山わろと狩人 44たのきゅー 45花さか爺 46腰おり雀 47鯉の報恩 48竜宮の猫 49塩ふき臼 50一目千両 51鼻のび糸巻 52宝ふくべ 53宝下駄 54宝の化物 55若返りの水 56あわて者 57金を拾ったら 58三人の商人 59二人の無精者 60おろかな親父（3話） 61雪女房 62尼裁判（松山鏡） 63おろか村の人々（3話） 64もぐらもちの嫁 65こんにゃく問答 66二反の白 67仁王とどっこい 68狸の巣 69藁のおくりもの 70はてなし話
35ずいとん坊 36馬の尻のぞき 37観音さま二つ 38かます狐 39八反袋きつね 40右目っこ 41古屋のもる 42猿の生ぎも 43もぐらと蛙 44豆とわらと炭 45たばこの起り 46さるかに合戦（4話） 47兎と狸とさると川うそ 48兎と亀（2話） 49こうの鳥とえびとくじら 50慾のくまだか 51むかでの医者迎え 52つぶとところ 53くつひきとかに 54怪我の功名 55天にのぼった息子 56ほらくらべ 57だんまりくらべ 58ねずみ経 59三尺わらじ 60じゅげむ 61どっこいしょ 62かさの病 63とんびになる 64狂歌ばなし（5話） 65屁ひり番人 66屁ひり女房 67おろかな人々（3話） 68彦市・吉よむばなし（26話） 69はなし

（注）話の番号は、原典は漢数字ですが、算用数字に改めてあります。

ことがわかります。

『桃太郎・舌きり雀・花さか爺』では、「昔話の魔力のとりこになったもの」が、日本でもヨーロッパでも記録を残してきたことを述べます。日本で集められた昔話の数はすでに一万話以上になったとして、巻末の「附録」には「桃太郎・舌きり雀・花さか爺の分布図」を載せています。そして、「この巻には、広く全国的に分布する桃太郎、舌きり雀、花さか爺、文福茶釜、百合若大臣など、わたしたちが少年時代から親しんできた昔話を中心に収めて見ました」と結ぶのです。

『一寸法師・さるかに合戦・浦島太郎』では記述も詳細になり、全体のまとめのようになっています。「動物譚、笑話、狭い意味の昔話」に分け、モチーフの構造から、「動物譚や笑話を単純形式、昔話を複合形式とも呼んでいます」とします。そして、「直接の語り口を尊重し、それ以外の人人によって書き加えられたものはことごとく除く方針をとりました」とします。グリム兄弟が引き合いに出されていますが、それ以上に意識していたのは児童文学者でしょう。

一方、巻末には「一寸法師・さるかに合戦・浦島太郎の分布図」を載せ、「解説」では、「民話」との違いに触れた上で、昔話研究には「民族学的・民俗学的立場」「社会人類学的立場」「文学的立場」「応用の立場」の四つがあることを挙げます。さらに、構造の観点から「単純形式」と「複合形式」に分けて特徴を述べますが、刊行中の『日本昔話集成』の影響が色濃く反映しています。しかし、そのぶんだけ専門的になり、難解であることは否定できません。末尾には、参考にした「研究書」と「資料」が挙がっていますが、個々の話についての解説はまったくありません。『日本昔話集成』にゆだねたのかもしれません。

六　柳田国男の『改訂版　日本の昔話』への刺激

関はこうした日本の昔話に関する読み物を書く一方で、日本の昔話を分類する作業を継続していました。『日本昔話集成』は、動物昔話・本格昔話・笑話の三分類を採択しますが、昭和二四年五月の「自序」には、柳田が昭和八年（一九三三）に出した『桃太郎の誕生』が契機になって民俗学の研究に転向し、「昔話の比較民俗学的研究」を展開するために、「日本は一つの大きな空隙とされ、十分に認識せられなかつたこと」を乗り越えようとしたと述べています。気の遠くなるような作業は、人生をかけた取り組みだったのです。

しかし、すでによく知られるように、柳田国男は昭和二三年（一九四八）に、監修で『日本昔話名彙』を出し、完形昔話・派生昔話の二分類を提出していました。二年後の昭和二五年に『日本昔話集成』が発刊される際、柳田は関に対して共著にしないかと言ったが、関はそれを断ったというエピソードもよく知られています。結局、その後の昔話研究の流れは国際的な比較研究に向かってゆき、『日本昔話名彙』よりも『日本昔話集成』が重視されることになりました。

こうした柳田の態度について疑問や批判を抱くこともできますが、関の昔話研究を最も支援したのが柳田であることは間違いありません。それは関自身が最もよく認識していたことで、柳田を批判しつつも尊敬する気持ちは生涯変わりませんでした。現在ではわかりにくくなってしまったかもしれませんが、二人は学問上の対立と人間関係は別であるという認識を持っていたにちがいありません。

それにしても、関が採択したような三分類を念頭に置いた読み物を最初に残したのは、他ならぬ柳田だったことは知っておいていいでしょう。昭和五年の『日本昔話集　上』はアルスの日本児童文庫に入りましたが、緩やかに動物昔話・本格昔話・笑話の配列を採用しています。国際的な比較研究を意識していたというよりも、子どもが昔話を読んでゆく過程を重視したための配列だったのでしょう。その後、二分類に舵《かじ》を切りましたが、三分類を否定しなかったと考えれば、『日本昔話集成』への歩み寄りは偶然ではなかったと思われます。

そのことは、『日本昔話集　上』を改題した『日本の昔話』の本格的な作り直しを行って、昭和三五年（一九六〇）に角川文庫で『改訂版　日本の昔話』を出したことによく示されています。この本はよく読まれてきたぶん、改訂がしにくかったと思われますが、その後の三〇年間に集まった資料を元に、丸山久子・石原綏代《いしわらやすよ》の協力を得て改訂したのです。一〇八話を一〇六話に減らし、六三話を保存した上で、四五話を削除、四三話を追加し、それぞれの話の出典を明らかにしました。大幅な削除・追加はあるものの、話の配列は変わりませんでした。これは、柳田が三分類の配列を支持していた証拠と言えましょう。

この改訂が行われた背景には、『日本昔話集　上』を書いた際に、「少し話の数が足りませぬ」と感じた不満が持続していたのでしょう。しかし、そればかりでなく、関の岩波文庫三冊に対する対抗心があったと見るべきかもしれません。柳田はまったく触れていませんが、昭和二八年（一九五三）に角川文庫に入れたにもかかわらず、この時期に改訂をした理由は他に考えがたいと思われます。しかも一冊で日本の昔話の全体像を示すという点では、漠然と三冊に収めた岩波文庫より優れていたことも確かでしょう。

しかし、柳田没後、昭和三九年（一九六四）の『定本柳田国男集　第二六巻』は、昭和一六年（一九四一）

の三国書房版『日本の昔話』を底本とし、『改訂版　日本の昔話』からは「昭和三十五年版の序」しか採りませんでした。柳田自身が書いた文章ではないという基準に拠ったからですが、それによって『改訂版　日本の昔話』は埋もれてしまったと言えましょう。そして、これはもともと柳田が子ども向けに書いた本であったということも切り捨てられてゆくのです。

一方、関は昭和二九年（一九五四）から川端豊彦との共訳で角川文庫に出していた『グリム童話集』全六冊を昭和三八年（一九六三）に完結させ、国際的な比較研究に邁進《まいしん》します。子ども向けの読み物は、監修を除けばなくなり、岩波文庫が生まれるまでの経緯も見えなくなりました。しかし、一世紀をかけて集めた昔話が図書館や研究室に死蔵されている現状を省みるとき、関の歩んだこの道をたどり直してみることには深い意義があると思うのです。

【参考文献】

・関敬吾『日本昔話集成　全六巻』角川書店、一九五〇〜一九五八年。
・関敬吾・川端豊彦訳『グリム童話集　全六冊』角川文庫、一九五四〜一九六三年。
・関敬吾『日本昔話大成　全一二巻』角川書店、一九七八〜一九八〇年。
・関敬吾『関敬吾著作集　全九巻』同朋舎出版、一九八〇〜一九八二年。
・大林太良編集代表『民間説話の研究』同朋舎出版、一九八七年。

講演者・執筆者紹介

宮川ひろ（みやかわ・ひろ）

児童文学作家。日本児童文学者協会所属。一九二三年、群馬県利根村に生まれる。公立学校に数年勤務した後、新日本童話教室を受講、あまんきみこらと『童話教室』を創刊する。『るすばん先生』でデビューした後、『春駒のうた』『先生のつうしんぼ』『夜のかげぼうし』『びゅんびゅんごまがまわったら』など多くの作品を発表してきた。

岩崎京子（いわさき・きょうこ）

児童文学作家。東京に生まれる。昭和二五年から創作を志して与田準一に師事し、雑誌『少年少女』『母の友』などに投稿、同人誌『童話』にも参加。昭和五〇年、家庭文庫「子どもの本の家」を開設し、現在に至る。『シラサギ物語』『鯉のいる村』『花咲か』『久留米がすりのうた』『子どものいる風景』『原爆の火』など多くの作品がある。昔話の再話にはフレーベル館の「にほんむかしばなし」全一〇巻があるほか、『かさこじぞう』は小学校国語教科書二年生の教材として広く迎えられた。

渡部豊子（わたべ・とよこ）

一九四二年生まれ。新庄民話の会所属。編著に『昔話と村の暮らし―山形県最上郡旧荻野村―』（私家版）、『大地に刻みたい五人の証言』（三弥井書店）がある。

あまんきみこ

児童文学作家。一九三一年、旧満州に生まれる。与田準一の紹介で「びわの実学校」を知り、作品を発表。昭和四三年、同誌に掲載した短編をまとめた『車のいろは空のいろ』を刊行。後に「びわの実学校」同人となる。主な作品に『ひつじぐものむこうに』『きつねみちは天のみち』『こがねの舟』『おっこちゃんとタンタンうさぎ』『だあれもいない』『ちいちゃんのかげおくり』など多くの作品がある。昔話・民話の世界に興味があり、本を見つければ手をのばす。

小山内富子（おさない・とみこ）

児童文学作家（筆名　小山内藺）、随筆家。日本文芸家協会所属。一九二九年佐賀県に生まれ、一九四七年進学上京。在学中より児童文学を志し浜田広介に師事。一九五〇～一九八八年東京大学図書館司書。図書館流通センター選書協力委員。著書に『混血児ジロー』『バラキの里ものがたり』『薔薇のツェッペリン』『白夜のラプランドへ』『小山内薫―近代演劇を拓く』『コーヒーシリーズ』等がある。

間中一代（まなか・かずよ）

一九五九年生まれ。栃木語り部の会主宰。祖父母や母から昔話を聞いて育つ。國學院大學栃木短期大學をはじめ県内の小中学校で語っている。話の一部が野村敬子・原田遼共編『栃木口語り』（瑞木書房）に収められている。

野村敬子（のむら・けいこ）

民話研究者。國學院大學栃木短期大學講師。農山海村の嫁不足から生じた外国人花嫁に注目した『山形のおかあさんオリーブさんのフィリピン民話』他。近年は『語りの廻廊』『東京・江戸語り』他の著書があり、民俗社会中心の民話研究から大都市の人々の口承にも注目する。

佐藤宗子（さとう・もとこ）

一九五五年生まれ。千葉大学教育学部教授。著書に『「家なき子」の旅』（平凡社）、『現代児童文学をふりかえる』（久山社）がある。

相原法則（あいはら・みちのり）

一九二九年生まれ。日本児童文学者協会所属。著書に『作家のうしろ姿』（文渓堂）、編書に『作家が語るわたしの児童文学15人』（にっけん出版）がある。

野田和恵（のだ・かずえ）

一九三三年生まれ。岩崎京子の開設した家庭文庫「子どもの本の家」で、仲間とともに貸出しボランティアをつとめる。

山路愛子（やまじ・あいこ）

一九三二年生まれ。民話会「ゆうづる」に所属。編書に『むがぁし昔　あったけど―夕鶴の里で語った百話―』（東神文化企画）がある。

坂田貞二（さかた・ていじ）

一九三八年生まれ。拓殖大学名誉教授。専門は北インドの民間伝承と一六世紀北インドの宗教文学。昔話採録・編訳書に『インドのむかし話―天にのぼるベールの木ほか』（偕成社）、『ヒンディー語民話集』（大学書林）等がある。

清水美智子（しみず・みちこ）

一九四三年生まれ。名古屋経営短期大学講師。絵本を媒介として話し合う中で、子ども達の聞き取る力と思考する力と考えを整えて伝える会話力をはぐくむ「対話的ブックトーク」の手法を実践する。刈谷市教育委員会、母と子の図書室に三二年間勤務し、絵本を媒介とした育児相談に携わる。

田中瑩一（たなか・えいいち）

一九三四年生まれ。島根大学名誉教授。編著書に『奥出雲昔話集』（岩崎美術社）、『口承文芸の表現研究―昔話と田植歌―』（和泉書院）、『伝承怪異譚―語りのなかの妖怪たち―』（三弥井書店）等がある。

多比羅拓（たひら・たく）

一九七五年生まれ。八王子高等学校教諭。日本文学を専攻し、『遠野物語辞典』の編集に携わる。「鷺流狂言伝書保教本の注記に関する考察」などの論文がある。『遠野物語』、狂言の台本、落語の速記本など口承と書承に思いを馳せつつ、演劇部では台詞の表情や余白を重視し指導している。

編者紹介

石井正己（いしい・まさみ）

1958年、東京生まれ。東京学芸大学教授。日本文学・口承文芸学専攻。単著に『絵と語りから物語を読む』（大修館書店）、『図説・遠野物語の世界』『図説・日本の昔話』『図説・源氏物語』『図説・百人一首』『図説・古事記』（以上、河出書房新社）、『遠野物語の誕生』（筑摩書房）、『桃太郎はニートだった！』（講談社）、『『遠野物語』を読み解く』（平凡社）、『遠野の民話と語り部』『柳田国男と遠野物語』『物語の世界へ』『民俗学と現代』『『遠野物語』へのご招待』『柳田国男の見た菅江真澄』『昔話と観光』、編著に『子どもに昔話を！』『昔話を語る女性たち』『昔話と絵本』『昔話を愛する人々へ』『昔話にまなぶ環境』（以上、三弥井書店）、『遠野奇談』（河出書房新社）、『新・国語の便覧』『国語の窓』（以上、正進社）、共編著に『柳田国男全集』（筑摩書房）、『全訳古語辞典』『全訳学習古語辞典』（以上、旺文社）、『近代日本への挑戦』『東北日本の古層へ』『津浪と村』（以上、三弥井書店）、監修に『マンガなるほど語源物語』（国立印刷局）、『遠野物語辞典』（岩田書院）など。

編集協力者　高柳俊郎

児童文学と昔話

平成24年3月2日　初版発行

定価はカバーに表示してあります。

発行者　吉田栄治

発行所　株式会社 三弥井書店

〒108-0073 東京都港区三田3-2-39

電話 03-3452-8069

振替 0019-8-21125

ISBN978-4-8382-3223-9 C0037　製版・印刷エーヴィスシステムズ

シリーズ一覧　石井正己編　各 1785 円（税込）

子どもに昔話を！

好評重版！

昔話の語りに子どもの心の成長を育む力ありと考え、学校、家庭、地域サークル（おはなしの会）、文化行政等の現場で実践活動する研究者や教育者、活動家が提唱する子どもに関わる大人のための語りの入門書。【巻頭エッセイ】　昔話の魅力（岩崎京子）

ISBN978-4-8382- 3153-9

昔話を語る女性たち

『子どもに昔話を！』の続編。
生命の営みとしての役割をも担う昔話と、生命を生み出す女性との間に流れる本質的なテーマを様々な切り口で考える。
【巻頭エッセイ】　幼い日の昔話（松谷みよ子）

ISBN978-4-8382- 3166-9

昔話と絵本

想像力や生きる力を育むために「語り」と「絵」の出会いはいかなる働きを持つのか。昔話と絵本の歴史・課題・展望を考える。　【巻頭エッセイ】　六角時計の話（池内紀）

ISBN978-4-8382- 3186-7

昔話を愛する人々へ

お父さんやお母さんが子供に昔話を語り聞かせるのはなぜか。
昔話を通してコミュニケーション力を学び、言語・時空を超え、国際化社会の未来を考える。【巻頭エッセイ】　思い出すままに（あまんきみこ）　ISBN978-4-8382-3204-8

昔話にまなぶ環境

人と自然と動物、神仏が共に向き合い共生する豊かな昔話の世界を考える。
【巻頭エッセイ】　先人からのおくりもの（小山内富子）

ISBN978-4-8382- 3212-3